나의 사업
나의 건강

그리고
대통령 출마

개정증보판   김기천 지음

나의 사업
나의 건강

그리고
대통령 출마

개정증보판　　　　　　　　　　　김기천 지음

티끌처럼 살 수도 있고,
우주처럼 살 수도 있다.
결국 모든 것은 본인의 선택이다.
주어진 상황에서
최선의 선택을 하며 살아가는 것이다.

창조와지식

목차

머리말 _9

1부 : 의사가 되기까지

어린 시절 _12
의사로서의 삶 _16
발명 _19

2부 창업

분산광원 헤드램프 출시 _26
1차 건강악화 _29
구강 내 미생물 _34
은용액 _37
중국지사설립 _41

3부 대통령 출마

학창시절 _46
학생회장이 되다! _48
아~ 세월호! _50
대통령 탄핵 _54
대통령 예비후보 등록 _62

4부 2차 건강악화 – 죽음을 눈앞에 두고

직원의 배신 _74

특허 심사 유감 _76

다시 증상 악화 _78

일기를 쓰다 _80

세상의 모든 곰팡이 치료제를 쓰다! _85

전 치아 발치 _89

팔에 있는 모든 혈관이 터지고… _96

똥을 먹다 _98

이트라코나졸 부작용 _101

자살 시도 _104

서울백병원 입원 _109

희한한 약 _111

드디어 칸디다 배양 _113

비교적 효과적이었던 치료방법 한가지 _116

완치 _119

5부 완치이후

20대 대통령출마 선언 _124
8개월간의 선거운동 _130
회사 복귀 _141

6부 반복되는 위기의 대한민국
지도력 부재가 문제

지도자가 없다 _146
졸속의 극치 의대증원 _147
계엄령 발동 _148
대통령이 되면 불행해지는 나라 _150
정권이 바뀌어도 위기는 계속된다 - 여론조사가 문제 _151
리더쉽이 사라진 대한민국 _157
다시 깃발을 들다! _158

부록

1. 환경에 대한 생각 _162
2. 건강문제에 대한 나의 결론 _165

   자극성(과민성) 장증후군은 수명을 단축시킨다. _165

   당신의 건강! 입 속 세균에 달려있다! _166

   몇가지 치명적인 균과 균을 줄이는 방법 _168

   - 칸디다 _168

   - 헬리코박터, 진지발리스, 푸조박테리움 등 박테리아 _170

   - 구강미생물이 전신질환을 일으키는 메커니즘 _170

   - 양구질 179

   - 키스는 섹스보다 위험하다! _180

   - 최근 항노화 의학 발전에 대하여 _181

머리말

공자가 한 말 중 "朝聞道, 夕死可矣"라는 말이 있다. 이 말을 할 때 공자는 道를 몰랐다는 이야기이다. 나도 그랬던 적이 있었다. 그런데 60년을 넘게 살다 보니 道가 멀리 있는 것이 아니라는 것을 알았다.

사람은 한 번 태어나서 한 번 죽는다. 우주를 생각하면 티끌만도 못한 공간을 점유하다가 찰나보다도 짧은 삶을 살다가 간다. 이런 차원에서 생각하면 우리의 삶은 왕후장상이나 빈부귀천과 관계없이 '0'이다. 그러나 티끌만도 못하고 찰나보다도 짧은 그 삶이 본인에게는 전 우주보다 중요하다.

결국 티끌처럼 살 수도 있고, 우주처럼 살 수도 있다. 모든 것은 본인의 선택이다. 이 당연한 진리를 깨닫는다면 삶이 힘들다고 포기할 일도 아니고, 더 큰 것을 잡으려 욕심부릴 일도 아니다. 주어진 상황에서 최선의 선택(어쩌면 나름대로의 선택)을 하며 살아가는 것이다. 그러나 그것이 오로지 우리에게 단 한 번 주어진다는 사실 앞에 촌음도 너무나 소중하다.

길이 보이지 않는다고 답답해하는 분들에게, 욕심 때문에 판단을 잘못하여 실패한 이들에게, 그리고 질병의 고통 속에 지옥 같은 시간을 버텨 내는 이들에게 이 글이 작은 도움이라도 된다면 더 바랄 것이 없다.

1부

의사가 되기까지

어린 시절

1958년 여름, 하지 무렵, 40세의 키 작은 어머니는 만삭의 몸으로 뙤약볕 아래에서 감자를 캐고 난 저녁 8시경, 3남 2녀 중 막내로 나를 낳으셨다. 아버지는 가난한 목사였고 끼니를 잇기가 어려울 정도였다. 늦게 본 아들이라 할아버지를 비롯 모든 집안사람의 귀여움을 독차지 하였지만 나는 어려서부터 몸이 약하여 병치레가 잦았고, 그러다 보니 학교수업을 제외하고는 공부라는 것을 따로 할 수도 없었다. 그래도 서울대가 좋은 대학이라는 것은 알고 있어서 고등학교 때부터는 공부를 좀 해 보려고 노력해보기도 했는데 도무지 소화불량이 심하여 그게 쉽지 않았다. 밥만 먹으면 속이 쓰리고, 트림 나고, 더부룩하고, 기운 없고, 졸리다 보니 학교를 다니는 것도 힘들 지경이었다. 밥만 먹으면 불편하여 굶어 보기도 많이 했는데 편해지는 것도 그때뿐 다시 밥을 먹으면 증상은 반복되었다. 당시 파란 병의 하얀 위장약이라고 선전하던(아마 암포젤 엠이었던 것 같다.) 약도 먹어 보았으나 별로 나아지지 않았다. 밤에 8시간 이상을 자고도 식곤증이 심하여 낮에 또 자거나 졸다 보니 하루에 맑은 정신이라고는 매 식후 2시간 후부터 다음 밥을 먹기 한 두 시간 전까지, 약 두 시간 정도씩 하루 고작 6시간 정도였다.

어떻게든 보통 사람처럼 살아 보려고 갖은 노력을 해 보았지만 소용이 없었다. 철저하게 규칙적인 생활을 한 것은 물론 먹는 것도 가려 먹었고, 운동이 좋다 하여 방학 때면 새벽에 매일 산책을 해 보기도 하고, 운동장을 뛰어 보기도 했다. 그러나 그러한 노력은 1주일을 넘기기가 어려웠다. 겨우 운동장 두어 바퀴 뛰는 운동으로 2~3일이 지나면 틀림없이 목이 부어 열이 나고 결국 자리에 누워 며칠 동안 해열제와 항생제를 먹고 겨우 살아났다. 한두 끼 단식이 아닌 3일 이상 단식이 효과가 있다고 하여 5일 정도 단식을 두 번이나 해 보았으나 별 효과가 없었다. 성장기를 쭉 그렇게 지내다 보니 성년이 되어서도 키도 못 크고 몸무게는 50킬로를 넘지 못했다. 그래도 머리가 받쳐 주었던지 성적은 어느 정도 상위권은 계속 유지하였다. 재수 끝에 서울공대에 응시하였지만 떨어졌고 삼수를 하여 들어간 곳이 항공대학 기계공학과였다. 이러한 젊은 시절 실패의 역사는 이후 상당 기간 나에게는 주홍글씨였다.

대학에 들어가서는 좀 마음이 편해져서 그랬던지 무난하게 학교생활을 한 것 같다. 다만 학교 공부를 소홀히 하여 학점은 바닥을 기었다. 그러나 재료역학과 동역학은 참으로 재미있었다. 워낙 기하학을 좋아했는데, 동역학 재료역학을 공부할 때는 시간 가는 줄 몰랐다. 그중에서도 동역학이 제일 재미있었는데 당시 동역학 대학교재로 가장 어렵기로 소문났던 Housner가 쓴 《Dynamics》에 있는 거의 모든 문제를 풀어 해답집을 출간할 정도였다. 몸이 약하다 보니 군대 가는 것도 부담이 되어 군면제를 받고 또 평생 재미있는 공학을 해 볼 생각으로 KAIST에 응시하였으나 체력이 달려 시험을 끝까지 보지도 못

하고 도중에 시험장을 나왔다. 다행히 공군장교 시험에 합격하여 3년 반 동안 공군에서 군복무를 하였는데, 생각해 보면 그때가 여러 면에서 나의 황금기였던 것 같다. 규칙적인 생활로 건강도 괜찮았고 장교로 근무하다 보니 월급도 나와 돈 걱정도 없었다.

그렇게 꿈같은 3년이 지나고 제대가 가까워지면서 앞으로 진로가 걱정되기 시작했다. 아무리 생각해 보아도 일반 회사에 취직하는 것은 체력에 자신이 없고, 생각 끝에 의사가 되어 내 건강도 돌보며 편안한 생활을 하기로 마음먹고 다시 시험을 쳐 의대에 들어갔다. 의대 공부가 쉽지 않다는 것을 대충 알고는 있었지만 공부하는 데는 그래도 어느 정도 자신이 있었고, 늦은 나이에 또래들과 어울릴 일도 없을 테니 한눈팔지 않고 공부만 한다면 잘하면 장학금도 타고 최악의 경우 뭐 졸업이야 못하겠느냐 하는 생각이었다.

그러나 그것도 그리 쉬운 일은 아니었다. 의대 공부는 예상보다 훨씬 힘들었다. 또 공학에 비하면 의대 공부는 재미도 없었다. 공부해야 할 양이 너무 많다 보니, 이유도 모르고 무작정 족보를 외워야 했다. 의대에는 이유를 알려고 교과서를 읽으며 공부하다가는 낙제한다는 속설이 있을 정도였다. 그도 그럴 것이 내과학 교과서(당시 깨알 같은 글씨로 두꺼운 원서 두 권이었음.)만을 꼼꼼하게 본다 해도 아마 6년 동안 그 책을 한 번 보는 것도 쉽지 않았을 것이다. 그래도 나름 열심히 공부해서 일등도 해 보고 또 본과 3학년 때는 학생회장도 하며 제법 보람 있는 6년을 보냈다. 돈이 없으니 하고 후에는 아르바이트를 해야 했는데 그때 참 다양한 아르바이트를 해 보았다. 거의 2년 동안 은행 야간경비를 하며 은행에서 학교로 등교하고, 학교에서 은

행으로 하교하는 생활을 했고, 방학이면 밤늦게까지 가구배달 운전도 해 보았다.

 그래도 최선을 다한 덕에 낙제하지 않고 6년 만에 제대로 의대를 졸업하였다. 요즘은 어떤지 모르겠으나 당시 의대에서 낙제를 하지 않고 졸업하는 것만으로도 상위 60% 정도는 들어야 가능한 일이었다. 나이는 차고 욕망은 해결해야하고 평범한 생활에 만족하며 살아야할 것 같은 생각에, 의대를 졸업할 때 쯤 서둘러서 결혼을 했고 인턴과 레지던트는 서울백병원에서 했다. 그리고 늦은 나이라 바로 개업할 수 있는 가정의학과를 택하였다.

의사로서의 삶

참으로 무모했다. 원래 돈이 없었고, (당시 인턴과 레지던트 월급이래야 백만 원 남짓.) 돈을 모을 수 있는 형편도 안 되었다. 개업을 하려면 돈이 있어야 하는데, 담보도 없고 신용도 없으니 고금리의 보험 대출을 받는 수밖에 없었다.

그렇게 대출을 받아 경기도 김포시 풍무리, 드넓은 논밭이 있고 한 켠에는 아파트 공사가 한창인 길가 상가 건물 약 20평 남짓 공간을 임대했다. 상하수도 공사도 직접하고 칸막이 정도만 업자에 맡겨 최소한의 인테리어만 하고 간호조무사 한 사람을 데리고 진료를 시작했다.

의과대학 공부를 비교적 열심히 했고 또 수련받으면서 교수님들의 인정도 받고 하다 보니 어느 정도 자신감이 생겨 수련이 끝나고 전문의를 따자마자 바로 개업을 하는 무모한 일을 저지른 것이다. 그런데 아무리 전문의를 땄다 해도, 내 이름을 건 병원에서 환자를 진료한 경험은 처음이다 보니 내심 불안감도 있었다. 그렇더라도 잘 모르는 부분은 책을 찾아보며 배운다는 자세로 가능한 한 정직하게 진료하다 보면 차츰 실력도 늘고 환자도 늘 것이라 단순하게 생각하고 바로 개업하는 길을 택하였다. 그러나 그것은 분명 무리한 결정이었고 이후 나는 이 무모한 결정에 대한 대가를 톡톡히 치렀다.

세상은 냉정했다. 개업일이 1997년 3월 12일이었을 것이다. 첫날 하루 종일 내원한 환자가 달랑 7명. 지금 잘 기억이 나지는 않지만, 생각해 보면 아마 그들도 틀림없이 아파서 병원을 오지는 않았을 것이다. 의원이 없는 동네에 의원 간판이 달렸으니 어떤 의사가 왔는지 탐색하러 왔을 것이다. 왔는데, 허름한 인테리어에 키 작고 깡마른 환자 같은 몰골의 의사가 간호조무사 한 사람을 데리고 진료를 하고 있으니, 내 실력이 아무리 좋고, 언변이 아무리 좋다한들 제아무리 배짱 좋은 사람이라 해도 아프고 불안한 자기의 몸을 맡길 엄두가 나지는 않았을 것이다.

초조하게 세월은 흘러가는데 도무지 환자가 늘지 않는다. 남들은 3개월이면 승부가 난다고 하던데…. 나를 믿고 오는 환자가 문전성시를 이루는 장밋빛 꿈은 점점 사라지고, 매일매일이 갈등의 날들이었다. 먹고는 살아야 하고, 빚은 갚아야 하는데…. 생계가 힘들 지경이었다. 하도 답답하여 수련받을 때 잠시 근무했던 양평길병원에 취직을 할까 알아보기도 했다. 그런데, 아무리 그래도 한번 칼을 뺐으니 승부를 보아야 한다는 생각이 들었고, 일단 벌여 놓았으니 어떻게든 내가 수습해야겠다는 생각에 하루하루를 최선을 다하며 버텼다. 워낙 내핍한 생활에 이골이 났으니 망정이지 하루 스무 명도 안 되는 환자를 보아서는 밥 굶지 않은 것이 다행이었다.

그럭저럭 3~4년 후. 적은 수의 내원 환자들을 경험으로 빨간 날이면 또 학회를 쫓아다니며 공부를 계속하여 조금씩 실력도 늘고 주변 아파트 입주가 본격화되며 환자가 늘어났다. 그렇게 이제 좀 먹고 살 만해졌을 때 의약분업문제가 터졌다. 대다수 개원의는 파업을 찬

성하였는데, 나는 반대의견이었다. 돈이 문제가 아니라 어떻게 모은 환자인데, 도저히 그들을 도외시하고 병원 문을 닫을 수 없었다. 김포시 의사회에 나가 '나는 나를 찾아오는 환자를 두고 의원 문을 못 닫겠다. 대신 이 사태가 진정이 되면 파업에 동참하지 않았으니 다른 지역으로 의원을 이전하겠다.'라고 폭탄선언을 하였다.

이렇게 호기롭게 선언을 한 것은 내심 이제 어디 가서 개원을 하여도 성공할 것 같은 그놈의 자신감이 또 발동을 한 탓도 있었다. 1999년 새로운 밀레니엄을 앞두고 온 세상이 들떠 있을 무렵, 조금씩 모았던 돈을 모두 투자하여 서울 개봉동으로 의원을 이전했다. 이번에는 인테리어에도 제법 돈을 들였다. 그런데 여기서도 환자가 늘지 않는다. 이젠 어느 정도 실력을 갖췄다 생각했는데, 장소가 문제인가 싶어 불과 6개월 후 바로 이웃동네 오류동 아파트 단지 내 상가로 또 의원을 이전하였지만 상황이 크게 달라지지는 않았다.

발명

　　2002년. 오류동에서 개원을 하고 있을 때다. 두어 번 실패를 한 후라 병원을 해서 크게 성공할 것 같지는 않고 하루하루 내원하는 환자에 최선을 다하며 생계를 유지하는 이 생활이 내 복이려니 하고 지내고 있을 때, 분산광원 헤드라이트에 대한 아이디어가 떠올랐다. 당시 대부분의 의사들은 헤드미러(머리에 쓰는 반사경)를 끼고 환자를 진료하였는데-헤드미러는 그때까지 의사들의 상징이었던, 가운데 구멍이 뚫린 반사경으로 멀리 있는 광원에서 나온 빛을 반사시켜 귓구멍이나 콧구멍 등 환부를 조명하며 진찰하는 것- 이러한 헤드미러는 밝기가 충분하지 않아서 환부가 잘 안 보였다. 그래서 헤드라이트를 사서 써 보았는데 밝기가 훨씬 밝았다. 그런데 헤드라이트를 쓰고 막상 귓속을 치료하려고 시술도구를 집어넣는데 밝기가 어두워졌다. '어! 헤드미러를 썼을 때는 이렇게 어두워지지는 않았는데…?' 다시 헤드미러로 바꿔 써 보았다. 밝기가 충분하지는 않았지만 그래도 시술도구를 넣는다고 하여 밝기가 크게 줄지는 않았다.

　　아! 이게 웬일인가? 번개처럼 아이디어가 떠올랐다. 문제는 헤드라이트 불빛은 점광원을 출발한 빛이 확산을 하며 조명하는 것이고 그래서 시술도구의 그림자가 커지고, 반면 헤드미러의 빛은 넓은 범위 반사경에서 반사된 빛이 환부로 수렴하는 빛이기 때문에 시술도구에 의한 그림자가 줄어든다는 너무나 당연한 사실을 그때 깨달았다.

'아, 그렇다면… 이거다!' 그 좁은 귓구멍을 비추는 헤드라이트도 무영등 효과가 필요하다. 그렇다면 광원을 어디에 배치하여야 하나? 최적의 위치는 시야를 방해하지 않는 위치 그리고 시선으로부터 멀리 떨어지지 않는 위치. 곧 미간의 직상부와 직하부밖에는 없었다.

의문이 나면 못 참는 성격. 바로 시작품을 만들어 보기로 했다. 진료 후 없는 시간을 쪼개 구로유통상가에 가서 부품을 사 오고, 아크릴을 자르고 붙이고, 얼기설기 시작품이 완성되었다. 그리고는 진료실에서 사용해 보았다. 보기에는 조잡하기 그지없었지만 예상대로 성능은 괜찮았다. 확신이 생겼다.

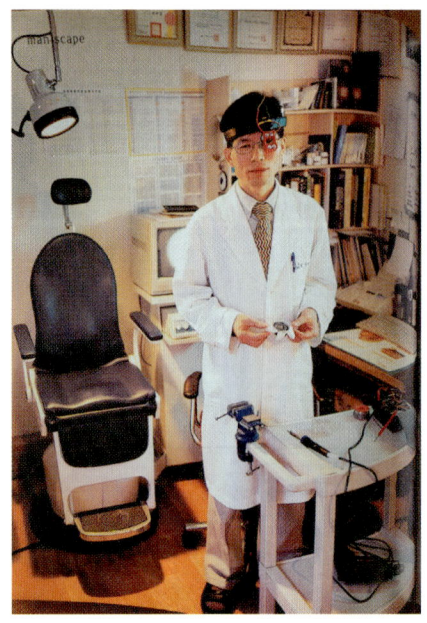

◆ 오류동 김기천가정의학과에서 진료중. 시작품을 만들어서 쓰고 찍은 사진

사실은 발명과 사업에 대한 생각은 훨씬 이전으로 거슬러 올라간다. 아마 스무 살쯤이었을 것이다. 비가 오는 날 시내버스를 타고 남대문로를 지나던 중 사람들이 버스를 타고 내릴 때마다 우산을 접었다 폈다 하는 것을 보며 휴대할 때는 접어서 가지고 다니다가 비가 올 때 버튼을 누르면 자동으로 펼쳐지는 우산이 있었으면 좋겠다는 생각을 한 적이 있었다. 당시에는 접히지는 않지만 버튼을 누르면 자동으로 펼쳐지는 우산도 있었고, 접어서 가지고 다닐 수는 있지만 자동으로 펼쳐지는 않는 우산도 있었다. -사실 지금도 이러한 두 종류의 우산은 많이 이용되고 있다.-그러나 그때까지 두 가지 기능이 결합된 우산은 없었다.

그로부터 10년 정도가 지났는데…. 10년 전에 내가 시내버스 속에서 생각했던 바로 그 우산(요즘 대부분의 우산)이 대세가 되는 상황을 경험하게 되었다. 그때 '나도 발명을 할 수 있겠구나' 하는 생각이 들었었다.

그리고는 또 세월이 흘렀고, 의과대학 본과 4학년 말 1992년 11월 초, 당시 형편이 어려워 학교에서 학급 대표의 방에서 간이침대를 놓고 먹고 자며 공부를 하고 있었는데, 아침에 일어나서 110볼트용 전기장판 플러그를 트랜스 콘센트로부터 빼려고 할 때 플러그는 안 빠지고 트랜스 전체가 딸려 오는 경험을 하게 된다. '이거 왜 이래!' 하는 짜증이 나려는 순간 머리에서 번개처럼 '이건 아니다!'라는 생각이 떠올랐다. 우리는 누구나 콘센트와 플러그를 사용하며 불편함을 한 번쯤은 느꼈을 것이다. 즉, 꼽으면 절대 저절로 빠지지 않는 플러그! 플러그를 빼기 위해서는 버튼을 누르면 자동으로 튀어나오게 되는 그런 콘센트 플러그! 그날 바로 이 생각을 구체화시켜 도면을 그리고- KMA(의사고시) 준비는 제쳐 두고- 서울로 와 특허사무소에 특허 출원 의뢰를 하였다. 이 아이디어는 특허 등록은 되었다. 그때가 서울백병원 인턴시절이었는데, 나도 세계 최초의 제품을 만들 수 있겠구나 꿈에 부풀어 이 아이디어를 사업화해 보려고 그 바쁜 와중에서도 청계천에서 아크릴을 사다 깎고, 동판을 오리고 하여 100% 손으로 제작한 시작품까지 만들었다. 그러나 결국 사업화되지는 못했다. 당시 콘센트와 플러그 제품 생산을 하던 아남산업과 두남 전기라는 두 회사와 접촉해 보았으나 의사 선생님이 진료나 열심히 하시라는 정중한 핀잔과 함께 한마디로 거절당하였다. 당시 이 아이디어를 사업화하려고 수련을 포기할까도 생각하였으나 그것은 현실적이지 않다고 판단하고 인턴생활을 계속하였다. 그래도 나의 아이디어가 특허 등록이 되었다는 사실은 그 아이디어가 세계 최초라는 사실은 분명하였고 이것은 나에게 있어 큰 의미가 있었다.

참고로 특허 등록이 되기 위하여는 두 가지 조건이 필수적이다. 첫째는 신규성이다. 즉 세계 최초여야 한다는 것이다. 둘째는 진보성이다. 그 아이디어가 기존의 제품에 비하여 훨씬 진보된 아이디어여야 한다는 것이다. 이러한 진보성은 단순한 개선이 아니고 보통 사람으로서는 생각하기 어려운 한 단계 뛰어넘는 진보가 있어야 한다. 어쨌든 이러한 자신감 이후 몇 가지 아이디어를 계속해서 특허 출원을 하게 된다. 사각 모기향, 선풍기, 분말약 분배기, 집합광원, 밀차, pneumatic otoscope, 헤드램프 등. 이러한 과정에서 돈도 제법 들어갔고 결국 특허 출원비를 줄이기 위하여 혼자 특허 출원하는 방법을 배우기까지 했다. 또 한편으로는 지난번 기계공학 전공을 살려 CAD

도 배우고… 그러나 이 아이디어 모두 상품화되지 못했다.

이후 사업을 하면서 점점 절실하게 느낀 바이지만, 신제품을 개발하여 성공한다는 것은 단순한 아이디어(만) 가지고 되는 것이 아니고 그 분야에서 최고의 전문가가 되지 않으면 불가능한 일이고 그러기까지는 엄청난 에너지가 필요하다는 것을 알았다. 그런데 나에게는 그 에너지가 없었다. 그래서 내가 창업을 한다는 것은 엄두를 못 내고 있었다. 실제로 낮에는 진료를 하고 퇴근 후에는 제품에 대한 구상을 하다 보니 피곤에 지쳐 +진료 도중 환자를 앞에 놓고 졸려서 눈꺼풀이 반 이상 내려온 상태로 진료를 한 적도 있었다. 틀림없이 그 환자는 나를 보고 참으로 한심하다고 생각했을 것이다. 고민 끝에 내 아이디어를 제품화해 줄 업체를 찾기로 했는데 결과는 인턴 때와 마찬가지로 접촉했던 모든 회사에서 돌아오는 답은 거절 내지는 포기였다.

결국 내가 만들지 않으면 이 아이디어는 사장되고 마는데, 체력은 없고…. 그러던 중 2000년쯤 마흔을 갓 넘겼을 때 헬리코박터 박멸 치료를 했는데, 신기하게도 전체적으로 컨디션이 좋아졌다. 평생을 8시간을 자도 피곤했는데 치료 후 6~7시간만 자도 몸이 거뜬했다. 건강이 좋아지니 창업에 대한 욕구가 솟았다. 무엇을 먼저 만들 것인가? 여러 아이템 중 분산 광원 헤드램프가 가장 성공 가능성이 높게 느껴졌고, 개발 자금도 그렇게 많이 들어갈 것 같지 않아서 헤드램프 제조 사업을 해야겠다는 결심을 한다. 이후 자금을 마련하기 위하여 많지 않은 진료 수입을 절약하였고, 2005년 의원을 정리하여 약 1억 원의 자금을 마련하여 개봉동 언덕배기 두어 평 남짓한 상가를 얻어 1인 창업을 하였다.

2 부

분산광원 헤드램프 출시

　창업 후 설계는 직접 하니 돈이 안 들었지만, 시작품을 만들고 공구를 사고 금형을 파고 이래저래 준비했던 1억 원은 봄눈 녹듯 금세 사라져 버렸다. 그때나 지금이나 돈이 없으면 아무 일도 안 된다. 정부에서는 수많은 기관을 내세워 창업을 도와주네, 중소기업을 도와주네 선전하고 있었지만 나에게는 모두 먼 나라 이야기였다. 중기청과 중진공, 기술신용보증기금 등을 모두 돌아다녀 보았지만 지원은커녕 부동산 대출이나 의사대출보다 못한 조건을 제시할 뿐이었다. 당시 7천 5백만 원을 출연해 준다는 신기술 창업보육사업(TBI) 사업에 4년 연속 신청하였는데, 해당분야 교수들로 구성된 심사위원들 앞에서 프레젠테이션까지 했지만 네 번 모두 탈락하였다. 그리고 내린 결론! 그들이 정말 신기술을 알아볼 안목이 있다면 그들이 창업하지 저 자리에 앉아 있겠는가 하는 생각이 들어, '내가 앞으로 정부 지원을 신청하면 사람이 아니다!' 는 다짐을 하며 감정을 추스렸지만 묘안은 없었다.

　돈이 필요한데 돈은 없고, 아마 그때 나는 세상을 좀 알게 되지 않았나 싶다. 그때까지 나는 돈이 있어 본 없었지만 돈을 벌어야 하겠다는 절실함이 전혀 없이 살았다. '그저 건강하면 되는 것이지. 건강하면 하고 싶은 것을 할 수 있고, 무엇이든 인류에게 도움이 될 만한 업적하나 남길 수 있으면 좋은 것이지... 그리고 조금 벌면 조금만 쓰고 살면 되고 그것이 오히려 환경에 도움이 되는 것이지...' 그렇게 생각하며 살았다. 그런데 그 돈이 없으니 체력이 있어도 정말 하고 싶은 것을 못하는 상황이고, 참으로 난감했다. 결국 머리를 짜내 내린 결론은 부동산 담보대출을 받는 것이었다. 그때까지 집도 한 채 없이 전세를 들어 살고 있었는데 집을 샀다. 집을 사서 가능한 최대 금액을 대출 받았다. 그렇게 돈을 융통하여 2006년 봄, 첫 제품을 완성하였다. 이 제품을 우선 가정의학과 후배들에게 소개를 하였고 그 중 세 명, 김일수 선생, 김신흥 선생, 장경호 선생이 하나씩 사 주었다. 그해 가을 이비인후과 학회에 첫 전시를 하였고 여기서도 세 분의 이비인후과 원장님이 구매를 해 주셨다. 이후 알음알음으로 몇 분의 원장님들이 제품의 편리함을 알고 구매하면서 판매가 늘어날 즈음 문제가 생긴다.

처음에는 잘 나오던 불빛이 몇 달을 못 가서 불빛이 안 나온다고 AS가 들어왔다. 회수를 해 보니 LED가 모두 타 버렸다. 당시 LED에 대한 지식이 거의 없이, LED가 필라멘트 전구에 비하여 효율이 좋다는 말만 듣고 무모하게 제품개발을 하여 변변한 필드테스트도 없이 출시를 하다 보니 이러한 문제가 생긴 것이다. 그런데 LED가 타는 것은 문제의 시작일 뿐, 이후 수많은 결함이 발생을 하게 되는데…. 우선은 문제가 발생될 때마다 원인을 모르니 무조건 새것으로 바꾸어 줄 수밖에 없었다. 그러나 언제까지 이렇게 새것으로 바꿔 줄 수는 없고…. 이러한 문제 하나하나를 해결하는 데 모두 새로운 지식과 아이디어 그리고 돈이 필요했다. 이러는 사이 집 대출로 얻은 자금도 바닥이 나고 이대로 가다가는 곧 신용불량자가 되는 것이 눈앞에 보였다.

결국 돈을 벌기 위하여 다시 병원을 하는 수밖에 없었다. 이렇게라도 해서 당장의 위기를 벗어나야 했다. 마침 2007년 말, 세 번째 개원하여 창업하기 전까지 내가 진료했던 오류동 그 의원이 비어 있어 인수자를 찾고 있었다. 비어 있던 병원이다보니 내가 넘길 때처럼 싼 가격에 다시 인수하여 진료를 시작했다. 은행은 병원을 개원한다고 하면 돈을 잘 빌려준다. 지금은 어떤지 모르겠지만 그때는 그랬다. 개원자금으로 다시 2억 원을 빌리고 사무실도 병원이 들어 있는 상가 1층으로 옮겼다. 1층 사무실에서 제품을 생산하며 문제에 대한 대책을 고민하고 생산도 하다가, 2층 의원에 환자가 왔다고 간호사가 전화하면 뛰어 올라가 환자를 보았다. 워낙 체력이 약한 데다가 Two Job으로 무리한 탓에 그 해 겨울 독한 감기를 세 차례나 앓았다. 그때가 고비였다. 그리고 차츰 제품이 개선되면서 이때부터 반응이 오기 시작했다. 2007년 말 분당 서울대병원 성형외과 연수강좌 전시에서 하루 전시에 약 천만 원의 매출을 올렸다. 참으로 꿈같은 성과였다. 아마 이때부터 자금 흐름이 선순환이 된 것 같다.

◆ 내가 개발한 제품들

1차 건강악화

사업이 조금씩 커지면서 개발해야 할 것이 점점 늘어났다. 헤드램프에 장착하는 확대경, 배율이 높은 망원경타입 루뻬 등. 이 모든 제품을 혼자 설계했고 틈나는 대로 영업도 해야 하니 난생처음 매일 나의 에너지를 모두 쏟아붓고 있었다.

그렇게 약 7년이 지나 사업이 커갈 무렵, 2013년쯤 몸이 점점 힘들어지기 시작했다. 당시 세 번째 헤드램프(모델명: DKH-50) 설계를 하느라 좀 무리를 했는데, 무리한 것 때문이라고 하기에는 증상이 좀 심했다. 혹시 무리한 것이 원인인가 싶어 쉬어 보기도 했다. 그러나 아무리 쉬어도 좀처럼 컨디션이 나아지지 않았다. 처음에는 식사 후에 어지러움이 시작되더니 기력이 빠졌다. 왼쪽 옆구리가 끊어질 것 같은 통증도 시작되었다. 허리디스크가 아닐까 MRI도 찍어 보고 내가 아는 모든 의학적 지식을 동원하여 가능성 있는 병을 생각하여 약을 처방받아 복용해 보았지만 백약이 무효였다. SMA증후군(상장간막동맥증후군)은 아닐까 3차원 CT도 찍어 보았다. 분위기 전환을 하면 나아질까 일을 중단하고 여행도 떠나 보았다. 아무 효과가 없었다. 증상은 점점 심해져 이제 밥만 먹으면 어지럽고 허리가 끊어지게 아팠다. 의학공부를 할 때 누구보다도 자신 있게 공부했는데, 그리고 10

년 정도 개원 경험을 통하여 나의 의학적 지식에 한창 자신이 붙어 있을 때였는데, 그때까지의 내 경험과 지식은 아무 소용이 없었다.

결국 자존심을 접고 병원 순례를 하기 시작했다. 의심이 가는 질병에 대하여 대한민국에서 유명하다는 의사는 모두 찾아갔다. 원인이 나오지 않는다. 웬만한 의학적 지식을 다 알고 있다고 생각하는 내가 원인을 모르니 당연히 다른 의사가 알 턱이 없었다. 이것저것 검사만 하고, 시간만 허비하고 증상은 점점 심해지고, 기력이 빠지고, 어지럽고 허리 아프고 잠도 못 자고, 진료한 의사들도 답답해하고, 종교에 의지해 보라는 교수도 있었고 정신과적 문제라고 말하는 선생도 있었다. 도저히 내키지도 않고 전혀 의심이 가지도 않았지만 우선 살고 보아야겠기에 나의 모든 논리를 포기하고 결국 정신과도 가 보았다. 그런 와중에도 제품에 대한 반응은 점점 좋아지고 사업은 커지고 있었다. 그때 창업한 그해부터 함께 일해 온 문금자 전무가 참으로 수고를 많이 했다. 사업을 도맡아 하랴 내 뒤치다꺼리하랴. 사업은 점점 커지고 조카 김철현 상무가 합류했다.

사업은 커지는데 몸은 점점 힘들어졌다. 하루 중 멀쩡한 정신은 기상 후 겨우 한 시간 정도. 나머지는 비몽사몽 상태로 고통의 시간이 흘러갔다. 출퇴근을 할 수도 없을 정도이고 정신이 멀쩡한 그 한 시간 안에 내가 해야 할 일을 모두 처리해야 하니, 할 수 없이 회사에서 먹고 잤다. 사실은 회사에서 근무를 한 것이 아니고 하루 종일 산송장처럼 누워 있었다는 표현이 더 정확했다. 비몽사몽 시간을 보내다 잠시 정신이 들면 '무엇이 원인일까? 어떻게 원인을 찾을까? 다음으로는 어떤 방법을 시도해 볼까?'를 생각하며 괴로워하다 하루가 지나갔다.

이제는 코에서 피도 나왔다. 하루하루를 버티는 것이 생지옥이었다.

원래 소화가 잘 안되었던 터라 당연히 과민성 장증후군(자극성 장증후군)은 있는 것으로 생각하여 각종 유산균을 다 먹어 보았고, 인터넷에 떠돌아다니는 수많은 방법을 시행해 보았다. 항생제 노르믹스도 최대용량까지 장기간 먹어도 보았다. 노르믹스(항생제)의 경우, 효과가 있었지만 결국 장기 복용하다 보니 효과가 없어졌다.

마지막으로 내가 할 수 있는 의학적 방법, 성장호르몬을 써 보았다. 어느 정도 예상한대로 효과가 있었다. 살 것 같았다. 용량을 늘리니 모든 증상이 사라졌다. 살도 쪘다. 군대 훈련 때 잠깐 몸무게가 50킬로를 넘겨 보고 평생 그 선을 못 넘고 있었는데, 성장호르몬 치료 후 54킬로그램까지 늘었다. 보는 사람들 모두 얼굴 좋아졌다며 회춘하였다고 축하와 칭찬을 보냈다. 당시 한창 성장호르몬의 항노화 효과가 매스컴에 자주 등장할 때였다. 성장호르몬은 세포분열 속도를 빠르게 하니 그러다 보면 텔로미어가 빨리 짧아질 가능성이 있고 결국 그것은 수명단축으로 이어질 수 있을 것이라는 것쯤은 문제가 되지 않았다. 우선 살고 봐야 했다. 그런데 문제는 용량이 점점 늘어났다. 2014년 1단위부터 시작했는데 불과 1년 만에 4단위까지 맞아야만 컨디션이 유지됐다. 마치 마약처럼. '그렇게라도 해서 컨디션이 유지될 수 있다면 어쩔 수 없이 죽을 때까지 맞다가 죽는 것이지' 생각도 했다. 이제 사업도 어느 정도 안정되어 약값이 부담될 정도는 아니었으니….

그런데 용량이 늘어나니 결국 부작용이 생겼다. 젖 몽우리가 커지는 것이었다. 즉, 여성형 유방이 되었다. 용량을 줄이면 죽을 지경이고 용량을 늘리면 젖 몽우리가 커졌다. 틀림없이 이 용량을 계속 쓰면 다른 부작용도 생길 것이다. 용량을 줄여 버텨 보려 했지만 다시 증상이 도진다. 이제 피부에 반점까지 생긴다. 혈관염이 생기는 것이다. 당뇨까지 왔다. 원래 소화력이 안 좋다 보니 밥 한 숟가락을 물고 거의 50번을 씹어야 넘어갔는데, 설렁탕은 완전히 끓인 음식인 데다가 물과 함께 목구멍에 넘기기만 하면 되니 설렁탕을 가끔 먹곤 했는데, 언젠가 설렁탕을 한 그릇 먹고 당을 쟀더니 혈당이 297까지 올랐다. 깜짝 놀랐다. 워낙 깡마른 데다가 건강검진에서는 항상 공복 혈당이 100 이하이었기 때문에 그때까지 당뇨는 생각지도 않았다. 거기다가 당뇨가 아무리 조절이 안 된다 하여 당뇨 때문에 이러한 증상이 나타나는 경우는 보질 못했다. 그러나 어쨌든 297은 무조건 당뇨병이다. 당부터 조절하고 보아야 했다. 사실 그때까지 내가 병원을 하면서 항상 했던 생각이 다른 병은 다 몰라도 제발 당뇨는 걸리지 않았으면 했다. 완벽한 관리가 너무 힘든 것을 알았기 때문이다. 그런데 아이러니하게도 몸이 너무 힘들다 보니 이 상황에서는 차라리 희망이 보이는 듯도 했다. 원인을 찾은 것처럼 보였기 때문이다. '당 조절이 아무리 힘들어도 조절만 하면 되는 것 아닌가? 더구나 나는 의사이지 않던가!' 그때부터 당관리가 시작되었다. 철저한 식이요법과 하루 약 20번 정도 당을 쟀다. 그리고 매 식전 인슐린을 맞았다. 그렇게 하여 거의 완벽하게 당을 조절하였는데, 그런데도 증상은 좋아지지 않았다. 이 정도로 완벽하게 혈당을 조절하는데도 증상이 좋아지지 않는다면 당뇨가 주요한 원인이 아닌 것이 분명했다.

다시 원인은 오리무중이었다. 아무리 내 지식을 짜내어 꿰어 맞추어 보아도 원인을 모르겠다. '아! 결국 이렇게 죽는구나. 요즘 평균수명이 80이라 한들 그것은 나와는 상관없는 일이지! 50~60에 죽는 사람도 많은데, 내가 바로 그런 경우이구나.' 생각하며 포기를 하다가도 정말 이해가 되지 않는 것이 있었다. 그것은 하루 중 오전 한 시간 정도 잠시 정신이 들 때는 언제 그랬냐는 듯 거의 아무 증상이 없다는 것이다. 이러한 양상을 보면 노화로 인한 퇴행성 변화가 병의 원인인 것 같지는 않았다. 즉 무엇인가 원인이 있고 그 원인만 교정되면 증상이 좋아질 수 있다는 판단이 섰다. 그리고 내린 결론! 결국 감염이라는 느낌이 들었다. 그중에서도 소화기관의 감염이라 결론지었다. 그러나 원래 소화관에는 수많은 미생물이 사는 것이 정상인데, 그렇다면 구체적으로 소화기관 어디에 어떤 균이 문제란 말인가?

구강 내 미생물

그 와중에 인터넷을 검색하다가 신세계치과 황정빈 원장이 포스팅해 놓은 구강 내 세균과 전신질환이라는 내용을 찾았다. 구강 내 세균이 장점막을 뚫고 들어가 혈액을 타고 돌아다니며 전신질환을 일으킨다고 되어 있었다. 이른바 장 누수증후군이다. 그럴듯했다. 황 원장을 찾아갔다. PCR구강세균검사를 했고 진지발리스와 푸조박테리움 등 여러 가지 균이 있음을 확인했다. 황 원장의 권유대로, 신경 치료를 하고 크라운을 씌운 치아 한 개를 발치하였다. 세균에 감염된(신경 치료한 치아는 대부분 치아의 미세한 구멍 속에 세균이 들어차 있음.) 치아는 가능한 한 발치를 하는 것이 좋다는 그의 의견에 나도 동의를 했다.

그때까지 하루 약 5번 정도 양치질을 했는데 그렇게 자주하다 보니 내 구강은 어느 정도 깨끗할 것이라 막연히 생각하고 있었는데, 실상은 그 정도로 세균들이 없어질 것을 기대하는 것 자체가 무리라는 생각이 그때서야 들기 시작했다. 생각해 보면 세균은 약 20분이면 두 배가 될 수 있고, 그러면 양치 후 두세 시간이면 세균 수가 원래대로 될 것이다. 그러고 보니 아주 힘들 때 양치질을 하고 나면 약간 증상이 가벼워지는 것을 느낀 적이 있었다. 그리고 또 특이한 것은 증상이 반드시 일주기가 있다는 것이었다. 즉, 식사 후부터 불편감이 심해져서 두세 시간 후 소화가 다 될 때쯤 잠시 컨디션이 돌아왔다가 이내 배고픔과 함께 기력이 없어지고 증상은 다시 심해졌다. 다시 밥을 먹으면 똑같은 싸이클이 반복이 된다. 또 한 가지는 배변을 하고 나면 반드시 일시적으로 상당 부분 증상이 사라졌다.

이러한 증상으로 보면 틀림없이 자극성 장증후군이기는 하지만, 자극성 장증후군이 전부라고 하기에는 증상이 너무 심했다. 더구나 그때까지 소화관 내 미생물이 자극성 장증후군의 원인이라는 주장은 정통의학에서 받아들이지 않고 있었다. 나의 경우 소화기 증상과 더불어 극심한 어지러움, 불면, 게다가 아침이면 코피까지 나는 것을 보면 전형적인 자극성 장증후군의 범주를 벗어난 것임에 틀림없다. 그러나 아무리 생각해 보아도 지금까지의 정통의학이 틀렸다는 생각이 들었다. 주요 근본 원인이 구강 내 미생물이고 이 구강 내 세균들이 결국 소장에서도 과증식하여 자극성 장 증후군과 함께 다른 증상들도 유발하는 것이라는 확신이 들었다. 원인은 좁혀진 것 같았다. 결국 하루에 10번 이상 혓바닥을 포함한 양치질을 하게 되었는데 실제로 어느 정도 효과가 있었다. 문제는 그래도 증상이 조금 완화될 뿐 사라지지 않는 다는 것이었다.

사실은 그럴 수밖에 없었다. 구강 구조를 생각해 보면 틀림없이 구강세균은 이와 잇몸 사이 깊은 곳에 자리를 틀고 있고 세균의 크기는 1마이크로미터도 안 되니 아무리 표면에서 닦아도 세균을 완전히 없애는 것은 불가능하였다. 양치질을 하여 세균 수를 백 분의 일로 줄인다 해도 세균의 분열속도를 생각하면 세 시간이면 원상복귀될 테니 말이다. 결국 지금까지 정통의학에서 정상세균총이라고 일컫는 수많은 구강세균이 사실은 병원성 세균이고 그 구강세균을 어떻게 더 완벽하게 줄이느냐가 중요한 과제라는 결론에 이르렀다.

은용액

　　인터넷은 인류역사상 혁명이다. 인터넷에는 모든 것이 다 있었다. 거기서 은용액을 찾았다.

　　사실 은이 항균효과가 있는 것은 진작부터 알고 있었는데, 은에 대하여는 한 가지 경험이 있었다. 1998년쯤 김포에서 개원을 할 당시 동네 목사님이 뚱뚱한 30대 여성 한 사람을 데리고 왔었다. 배에 붕대를 감은 상태로. 그녀는 한강성심병원에서 제왕절개로 아이를 낳았는데, 퇴원 후 시간이 지나도 수술부위 감염이 해결이 안 되어 도무지 아물지 않는다는 것이다. 결국 그 병원에서는 외래에서 통원 치료로는 치료가 안 되겠고 또 이대로 가다가는 복벽이 뚫려 복막염으로 생명이 위독할 수 있다며 다시 입원 치료를 하라고 했다는데, 본인은 애기도 있고 입원할 형편이 안 되고 또 그쪽 의료진에 대한 불신도 있어 여기 새로 생긴 의원 선생님이 잘 본다 하여 데리고 왔다는 것이었다.

　　한편으로 고맙기는 했지만 다른 한편으로는 그 목사님의 만용에 약간은 당황스럽기도 했다. 대학병원에서 감염 치료가 안 된 사람을 입원실도 없는 동네 개인의원 의사에게 치료를 맡기겠다는 발상은 누가 생각해도 비합리적일 것이다. 그래도 일단은 환자를 눕히고 붕대를 풀고 거즈를 벗겼다. 하얀 뱃살 가운데 기다란 제왕절개 수술자국

이 있었고, 수술자국 중간에 길이 약 2cm 폭 1cm의 깊은 구멍이 뚫려 벌건 살과 누런 고름이 범벅이 되어 있었다. 베타딘을 적신 거즈로 농을 제거한 후 면봉을 천천히 구멍 속으로 넣어 보았다. 25mm가 넘게 들어갔다. 복막까지 남은 두께를 확인하기 위하여 초음파를 보았다. 복막까지는 30mm가 채 되지 않았다. 불과 4~5mm만 더 뚫리면 이거야말로 대형사고인 것이다. 내 머릿속 컴퓨터가 회전하기 시작했다. 당시 환자도 별로 없을 때였는데, 이 환자를 완치시키면 틀림없이 소문이 날 것이다. 대학병원에서도 못 고친 것을 개인병원에서 고쳤다는…. 다른 한편으로는 잘못하여 남은 4~5mm가 뚫려 버리면 그야말로 큰일이다. 그러나 이런 경우 사실은 부담이 적다. 어차피 대학병원에서 안 되는 것을 맡은 것이니 최악의 경우에도 할 말은 있는 것이다. 환자에게 상황을 설명하고 한번 해 보자고 제안을 했다. 역시 환자는 못 미더운 눈치다. 20평밖에 되지 않는 공간에 허름한 인테리어, 깡마른 의사 한 사람, 간호조무사 한 사람 있는 가정의학과 의원에 자기 생명을 맡기는 것이 당연히 불안했을 것이다. 그러나 나는 그런 나의 불리한 조건에도 불구하고 항상 자신감은 있었다. 누가 뭐래도 나는 나의 감을 믿었기 때문이다. 아마 그때 우리 병원에 온 환자들은 나의 그 자신 있는 태도를 믿고 찾아 주었을 것이다. 환자가 불안한 얼굴로 일어서려고 하는데, 옆에 있던 목사님이 말로써 강하게 푸시를 한다. 마치 자기가 책임질 것처럼 호기롭게, '일단 선생님께 한번 맡겨 봅시다.' 일어나려던 환자가 반쯤 포기한 표정으로 고개를 끄덕였다. '잘 안될 수도 있다. 그러면 그때 큰 병원에 가셔도 늦지 않을 것이다.'라며 밑밥을 깔아 놓고…. 그리고 당장 며칠 동안은 아침에 한

번, 저녁에 한 번, 하루 두 번 드레싱을 하러 내원해야 된다고 하였다.

무슨 약을 쓸 것인가? 당시 나는 항생제에 대하여 공부를 좀 깊게 한 편이라 그에 대한 지식은 웬만한 감염내과 선생에 못지않다 자부하고 있었다. 먹는 약과 주사로 매일 항생제 투여를 하고 상처의 고름을 깨끗이 닦아 내고 거즈에 실바딘이라는 하얀 크림을 적셔 밀어 넣었다. 이미 대학병원에서 웬만한 항생제는 다 썼을 것이고 그래도 안 들었다면 틀림없이 녹농균 감염이 원인일 것이라는 생각이 들었다. 실바딘크림의 설명서를 다시 한번 읽어 보았다. 유효균종에 틀림없이 녹농균이 포함되어 있었다. 당시 병원에서는 상처 소독에 거의 무조건 베타딘을 사용했다. 수련받을 때 선배에게 물었더니 베타딘이 세상에서 가장 강력한 항균효과를 갖는다고 알려 주어 나도 의심하지 않고 거의 모든 창상에 당연히 베타딘을 썼다. 그 환자의 창상도 물론 베타딘으로 소독된 상태였었다. 그렇다면 나는 다른 수를 써야 한다는 생각에 실바딘을 선택한 것이다. 실제로 당시 의사들 사이에서는 실바딘은 항균효과가 아주 약한 외용제라고 알고 있었다. 그러나 이 상황에서는 뭔가 다른 방법이 필요하다고 판단했다. 대학에서 써 보지 않았을 다른 방법! 나는 실바딘에 승부를 걸었다.

그리고 매일 아침저녁 구멍의 깊이를 쟀다. 조금이라도 구멍이 깊어진다면 대학병원으로 보낼 준비를 하고. 치료 후 3일 정도가 지나니 깊이가 줄어드는 것이 느껴졌다. 일단 줄어들기 시작하니 상당히 바른 속도로 새살이 차올랐다. 그렇게 20일 동안 치료를 했고 새살이 피부까지 다 올라왔다. 상흔의 크기도 처음 구멍 크기보다는 훨씬 줄었다. 완벽한 성공이었다. 그때 나는 실바딘에 대한 관념이 완전히 바뀌었다. 절대 무시해서 안 되는 외용제라는 것을 그때 알았다. 특히 광범위 화상환자에게 왜 실바딘을 사용하는지 이유를 그때 절실히 느꼈다. 그 실바딘에는 silver, 즉 은이 포함되어 있고 그 은이 항균작용을 하는 것이었다.

    그 은성분이 녹아 있는 은용액이 있다는 것이다. 그 은용액을 또 집에서도 만들 수 있다는 것이다. 당장 은용액을 구했다. 은용액을 만드는 기계도 샀다. 구강세정기도 샀다. 은용액을 구강세정기에 넣어 치아 사이와 혓바닥까지 구석구석을 닦아 냈다. 정말 효과가 있었다. 살 것 같았다. 물론 최선의 컨디션을 유지하기 위하여 당시 나는 매 식사 전후 은용액으로 구강세정을 철저히 하고, 매 식전 속효성 인슐린 주사를 맞고, 매 식사 때마다 노르믹스와 소화제를 먹고, 매일 밤 자기 전 성장호르몬을 1단위 정도 맞고, 수면제를 먹고, 거기다 소화가 잘 안되고 설사도 나고 체중이 빠지니 하루 한두 번은 이유식을 타 먹으며 사는, 보통 사람으로는 상상하기 힘들 정도로 불편한 하루하루를 살고 있었는데, 그래도 이렇게라도 해서 살 수만 있다면 그게 어디인가?

중국지사설립

그 와중에도 제품에 대한 반응은 좋아 사업은 잘 나갔다. 당시 중국은 떠오르는 시장으로 웬만큼 사업을 한다하는 사람은 중국에 한다리씩은 걸쳐놓고 있던 시절이다. 그들중 상당수는 중국에서 돈을 벌어 젊은 여자를 현지처로 두기까지 했다. 은근히 부럽기도 했다. 비록 은용액과 수많은 약으로 겨우 버티고 있었지만, 나도 중국에 도전을 하기로 했다. 당시 한국 회사는 안정되어 문금자전무(당시 부장)에게 회사 운영을 맡기고, Kotra에서 운영하는 상하이 사무실을 1년간 임대하여 한국과 중국을 왔다갔다하며 중국을 배워가기 시작했다.

1년 동안 중국을 탐색한 결과 나의 건강문제도 있고 하여, 중국에서 제일 살기 좋다는 산동성 웨이하이에 터를 잡기로 했다. 웨이하이는 인천에서 비행기를 타면 45분이면 도착할 정도로 아주 가깝다. 2014년 5월, 생면부지 웨이하이에 10만불을 투자하기로 하고 중국법인을 설립하였다. 아파트와 사무실을 얻었다. 아파트와 사무실 사이는 자전거로 약 30분 거리인데, 워낙 내 체력이 없다보니 아파트에서 사무실로 출퇴근을 하는 것도 버거웠다. 1년후 아파트 임대료도 아낄 겸 사무실 한쪽을 숙소로 개조하여 숙식을 해결하며 지냈는데, 남의 건물이다보니 함부로 고칠 수도 없고 여러 가지로 불편하였다.

몸도 불편하고, 중국어도 잘 못하고, 일은 해야하고.... 북경에서 온 조선족 직원 한 사람이 있었는데 휴일에 그가 북경으로 돌아가면 혼자 어디 돌아다닐 엄두도 안나고 숙소에서 쉬다가 겨우 자전거타고 주변을 한바퀴 도는 것이 당시의 일상이었다.

그러다가도 아주 사소한 음식하나 잘못먹으면 어지럽고(brain fog) 기력이 없어 참으로 고통스러웠다. 그래도 제품에 대한 반응은 좋아 회사는 잘나가고 있는 것이 그나마 다행이었다. 언젠가 주말에 고통 속에 잠시 정신이 들었을 때 당시의 내 심정을 어떤 단톡방에 아래와 같이 짧게 올렸었다.

산다는 것은 버티는 것.
죽을때까지 버티는 것.
버티다 버티다 못버티는 날
조용히 가는 것.

중국은 넓고 사람은 많다. 그런 상황에서도 우리 제품을 알리려 중국의 각 도시에서 열리는 전시회에 수시로 참석해야 했다. 사무실(숙소)에만 있을 때는 그나마 나은데, 출장을 나갈 때면 정말 번거로웠다. 은용액 제조기부터 구강세정기, 각종 약과 인슐린과 성장호르몬, 거기다 이유식까지 챙겨가야 했으니…. 그러니 우리 회사 중국 직원은 호텔의 호화로움과는 상관없이 방에 냉장고가 있는지부터 확인해야 했다. 인슐린과 성장호르몬은 냉장보관을 해야 했기 때문이다. 어떤 때는 은용액이 들어 있는 1리터 병 여러 개를 가방에 넣어 짐으로 부쳤다가 검색에서 발견되어 비행기를 못 탈 뻔했던 적도 여러 번이었다.

한편 은용액은 몇 가지 부작용이 있었다. 일단 치아를 검게 만드는 부작용이다. 보기가 싫었다. 그러나 그것은 중요한 문제가 되지 않았다. 또 한 가지 은용액을 장기적으로 먹으면 피부가 보라색으로 변한다. TV방송에 유명했던 파파스머프의 보라색 얼굴이 은중독이었다고 한다. 그러나 어쩌겠는가? 이렇게라도 살아야 했고 사업도 해야 했다. 오로지 컨디션을 조금만 좋게 할 수 있는 방법만 있다면 뭐든 해야 했다.

그렇게 힘들게 개척한 중국지사는 이후 인력충원도 하고 담당자가 두어번 바뀌고 또 한국에서 중국으로 보낸 직원이 결국 우리 물건을 훔쳐 심천으로 달아나 제품을 카피하는 우여곡절이 있었지만, 2025년 지금까지도 기적적으로 잘 운영이 되고 있다.

3 부

학창시절

어려서부터 자연에 관심이 많았던 나는 과학자가 되는 것이 꿈이었다. 마음이야 반장도 해 보고 싶었지만 체력도 약하고 당시에도 치맛바람이 있었는데 엄마찬스를 쓸 형편도 아니었고 하여 언감생심 꿈도 못 꾸었고, 초등학교 때 분단장이 되었던 것이 유일한 감투라고나 할까? 고등학교 때는 건강이 더 안 좋아져서 학교를 제대로 다닌 것만도 다행일 정도였다. 1979년 항공대학을 들어갔는데, 당시 박정희 대통령치하, 봄만 되면 대학은 반정부투쟁으로 홍역을 치렀다. 주로 서울대와 연고대가 앞장섰는데 그 외의 대학이라고 조용했던 것은 아니다. 1975년이었던가. 박 대통령의 유신철폐를 외치며 서울대 김상진 학생이 군중 연설 중 할복자살을 한 사건이 있었는데 이 사건은 나에게도 충격이었다. 그런데 사실은 나에게는 그러한 상황들이 잘 이해가 가지는 않았다. 그래도 박 대통령 덕에 혼란이 진정되고 생활수준이 나아진 면이 있는데 저렇게 할복까지 하며 저항해야 하는 이유가 선뜻 와닿지 않았다.

어쨌든 그 이후 많은 학생회장들이 대중 연설 중 할복을 시도하는 것이 유행처럼 되던 때였는데, 항공대도 예외가 아니었다. 눈부시게 푸른 봄날 강당에 학생들을 모아 놓고 당시 학생회장은 별로 설득력이 없는 연설 끝에 할복을 시도했는데 할복이 되지는 않았고 복부 피부에 자상을 내는 정도의 해프닝이 되어 버렸는데, 분위기상 데모를 안 하기도 그렇고, 하기도 그런 어정쩡한 대학생활을 보내고 있었다. 그러나 그해 10월 26일 박 대통령 시해 사건이 일어나고 전두환이 정권을 잡는 일련의 일정 속에서 '뭔가 이것은 아니다.'라는 생각으로 광화문과 서울역을 누비며 데모를 하고 도망도 다녔다. 그러나 그때도 절실한 이념으로 무장되어 앞장서는 상태는 아니었다.

  그렇게 평범한 대학생활 끝에 졸업을 하였고, 공군장교로 군복무를 했다. 제대 후 서른 살에 인제의대에 들어갔는데 참으로 암담했다. 젊은 나이에 또 6년을 공부만 해야 한다고 생각을 하니 끝이 보이지도 않는 긴 터널의 입구에 선 느낌이었다. 그래도 어쩌랴. 내가 선택한 길인데, 열심히 공부를 할 수밖에 없었다. 돈이 없으니 공부라도 열심히 해서 장학금을 타야 했기 때문이다. 그런데 본과에 올라가니 해야 할 공부가 너무 많아 아르바이트도 안 하고 공부에만 전념하는 어린 아이들을 따라갈 수 없어 성적 장학금도 못 탔다. 나이 들어 두 번째 대학을 다니는 것도 죄송한데 넉넉하지 않은 부모님께 손을 벌리는 것도 쉽지 않았다.

학생회장이 되다!

본과 2학년 2학기, 이제 2년 남짓 남았는데…. 학비를 조달할 일이 막막했다. 그래서 학생회장이 되기로 했다. 학생회장이 되면 학교에서 사무실을 내주니 거기서 먹고 자면 될 것이고, 학비까지 면제를 해 준다. 그런데 그때까지만 해도 학생회는 대부분 PD니 NL이니 그런 운동권 아이들이 대대로 독식하고 있던 때였다. 그렇지만 다행히 나는 학급에서 나이도 많은 축이고 거의 모든 학생으로부터 마치 정신적 지주처럼 존경 내지는 인정을 받고 있었다.

먼저 나는 지금까지 학생회를 이끌고 있던 운동권 아이들을 만나서 나의 생각을 말했다. 처음에는 의외로 흔쾌히 나의 생각에 동의를 하며 '형이라면 우리가 도와드려야죠.'라고 답을 하더니 다음 날 자기들끼리 논의한 결과 '형과는 추구하는 노선이 달라서 안 되겠다.'고 말을 한다. 자기들 조직을 대표하는 후보를 내야겠다는 것이다. '그으래! 그럼 경선을 하자!' 한편 더 재미있을 것 같기도 했다. 당시 비교적 건강도 좋았고 나의 생각에 따르는 학생들이 많기도 했고 모든 면에서 자신이 있었다. 바로 가까이 있는 몇 명을 불러 참모로 임명하고 선거체제로 돌입했다. 예과 200명을 모아 놓고 한 번, 본과 400명을 모아 놓고 한 번, 두 번의 연설기회가 있었는데 두 번 다 내가 생각해도 참으로 연설을 잘했다.

한 가지 에피소드가 있는데, 당시 본과 400명 앞에서 연설을 할 때, 회장 후보인 내가 연설을 하고 이어서 러닝메이트였던 부회장 후보 상훈이가 연설을 했다. 내 연설 마무리에 '이번 선거에 나를 선택해 주신다면 여러분 인생의 가장 빛나는 시기를 맑은 수채화 같은 추억으로 가득 채워질 수 있도록 노력하겠습니다.'라고 끝을 맺었는데, 이 말에 너무 감동했는지 상훈이가 자기 연설 도중 내가 했던 구절을 그대로 반복하는 실수를 저지르는 해프닝이 있었다. 연설이 끝난 후 우리 학급에서 공부도 1등, 미모도 출중했던 제1의 퀸카 여학생 미송이가 다가와서 '아저씨 명연설 끝에 상훈이가 똥물을 뿌렸다.'며 감동의 변을 털어놓기까지 할 정도의 성공적인 연설이었다.

그것으로 판은 끝났다. 그렇게 학생회장이 되었고, 대다수 학생들이 나의 말에 거의 수긍을 하다 보니 학생회 운영도 잘되었다. 당시 매년 대학에는 춘투가 있었는데 다른 학교들이 동맹파업이니 뭐니 하며 몸살을 앓던 그해, 우리 대학은 별 탈 없이 조용하게 넘어갔다. 학생들을 완벽하게 장악하니 보직교수들과의 관계도 원만했다. 공부할 때는 치열하게 또 축제 때는 재미있게 하여 그 1년을 참으로 보람 있고 재미있게 보냈다. 지금도 내 동료들은 틀림없이 그때의 기억들이 맑은 수채화처럼 뇌리에 남아 있으리라. 덤으로 나는 1년 동안 학비 걱정, 거처 걱정을 하지 않고 학교를 다닐 수 있었다. 그때 나는 내가 리더십이 있다는 것을 처음으로 느꼈다.

아~ 세월호!

　　의대 졸업 후 수련을 거쳐 전문의가 되었고, 개원의로 지내다 발명을 하고, 회사를 창업하여 세계 최초의 제품 '분산광원헤드램프'를 만들며 사업이 커 갈 무렵, 세월호 사건이 터졌다. 2014년 4월 16일 아침! 마른 하늘에 날벼락이었다. 476명, 그것도 대부분이 나이 어린 학생들을 태운 거대한 배가 진도 앞 바다에서 기울어지고 있었다. 처음에는 그래도 이렇게 발전된 개명한 대한민국에서 무슨 수가 있겠지 하며 초조하게 지켜보았는데, 시간이 지나면서 배는 점점 더 기울어지고…. 아뿔사! 구조를 한답시고 분주하게 오가던 해경의 손바닥만 한 배들이 철수를 해 버린다. 아니! 가라앉고 있는 저 배 속에 300명의 아이들이 그대로 있는데 구조대가 철수를 해? 말도 안 되는 상황이 벌어지고 있었다. 아마 그때 해경청장은 저 큰 배가 완전히 기울어지면서 소용돌이 물살을 일으키면 구조대원들의 생명이 위태로워지고 자칫 더 많은 희생을 초래할 가능성 있으니 어쩔 수 없는 결정이었다고 생각했을는지 모른다. 무지함을 떠나 이렇게 유약한 사람이 대한민국 바다를 경비하는 책임을 맡고 있었다는 사실에 기가 막혔다. 그래서 죽자 사자 배워야 하는 것이고 중요한 결정에는 용기가 필요한 것이다. 나름 전문가라 할 수 있는 해경청장의 대책이 저러니, 무지

하고 나약한 대통령 박근혜에게는 또 무슨 대책이 있었겠는가? 자칫 섣부른 시도를 했다가 사건이 더 커지고 그 후과를 감당해야 할 것을 생각하면 이러지도 저러지도 못하고 발만 동동 구르며 틀림없이 머릿속이 하얬을 것이다.

아직까지도 일부 사람들은 그날 대통령이 7시간 동안 무엇을 했느냐를 두고 왈가왈부하는 모양인데, 상황을 생각하면 뻔한 일이었다. 아무런 대책이 없고 무슨 명령을 내려야 할지를 모르고 있는데 어딜 어떻게 나설 수 있었겠는가? 뒤늦게 크레인도 왔지만 아무런 효과적인 조치를 취해 보지도 못한 채 배는 가라앉아 버리고 말았다. 선내 방송만을 믿고 순진하게 배 안에 머물러 있던 수백 명의 꽃 같은 생명과 함께….

이런 개명천지에서 대한민국 역사상 어떻게 이런 어처구니없는 일이 일어날 수 있단 말인가! 어른들의 무지함과 비겁함으로 저 꽃 같은 생명들을 하나도 구출 못 하고 수장을 시켜 버리는 말도 안 되는 상황! 나는 같은 하늘을 이고 살고 있는 어른으로서 이때처럼 아이들에게 수치스러웠을 때가 없었다. 한동안 넋 나간 사람처럼 시선을 둘 곳을 찾지 못했고, 동네 아이들만 보아도 고개를 들지 못했다. 가슴은 미어지고 눈물만 나왔다.

그렇게 한동안 정신을 못 차리다가 문득 정신을 차리고 도대체 어디서부터 잘못되었고 이러한 상황에서 최선의 조치는 무엇이었는지를 차근차근 복기해 보았다. 말할 필요도 없이 일차적으로는 누가 뭐래도 선장의 무능과 비겁함 그리고 세월호 경영진의 욕심이 가장 큰 원인이지만, 이 상황에서 정부 역시 무능한 것은 마찬가지였다. 만일 당시 대통령과 해경청장이 다른 사람이었다면 과연 상황은 달라졌을까? 쉽게 대답이 나오지 않았다. 그리고 내린 결론 누가 대통령이었고 해경청장이었던들 그 상황은 참으로 어려운 상황이었다는 생각에 이르렀다.

그렇다면 방법은 없었을까? 기계공학을 전공한 나로서 여태까지 내 앞에 놓여 있던 문제 중 해결 안 된 문제가 거의 없었는데 나라면 어찌했을까? 머리를 쥐어짰다. 그리고 내린 결론! 냉철하게 판단했다면 방법은 있었다. 결과는 하늘에 맡기더라도 저렇게 무기력하게 아무것도 못 하고 수많은 생명을 생매장시키지는 않는 방법이 있었다. 그리고 그러한 시도를 실천하기 위하여는 공학적 지식과 과감한 결단이 필요하다는 결론에 이르렀다.

결국 지도자는 아무나 하는 것이 아니구나…. 우리나라 정치가 무능했던 것이 어제오늘의 일이 아니라 생각하고 있었지만 그래도 이토록 너무나도 절박한 위기에 아무것도 하지 못하고 말싸움으로 시간을 보낸 정치권에 대한 분노가 치밀어 올랐다.

모험을 하다가 죽을 수는 있다. 더 큰 일을 위하여 위험한 일을 하다가 죽는 경우도 있다. 그러나 이런 무고한 개죽음은 안 된다. 이 개명한 대한민국 천지에서 이러한 일이 절대 반복되어서는 안 된다. 그러기 위하여는 특별한 지도자가 필요하다. 아니 지도자는 특별한 사람이어야 한다. 자연과학에 정통하여 합리적 추론을 하고, 예상치 못한 천재지변의 상황에서 모두가 우왕좌왕할 때도 과감한 결단을 내릴 수 있는 특별한 사람이어야 한다.

지나간 이야기라 쓸데없는 일이지만, 이런 대형사고의 경우 우선은 군을 포함 모든 가용자원을 현장에 집중시켜야 했고, 이미 배가 계속 기울어 간다는 판단이 들면 인명구조와 함께 무엇보다 먼저, 수단과 방법을 가리지 말고, 배가 기울어지는 속도를 줄일 방안을 찾았어야 했다. 먼저 속도가 빠른 군함을 가능한 많이 동원하여 가라앉는 배의 측면, 기울어 가는 반대편 측면에 군함의 이물이 향하도록 정렬시키고, 배의 난간이나 기둥 등, 로프를 걸 수 있는 모든 곳에 가능한 한 많은 로프를 걸고 장력을 유지하여 배가 기울어지는 속도를 어떻게든 줄였어야 했다. 크레인이 도착할 때까지... 배가 완전히 뒤집어진 다음이라면 헬기를 이용하여 바구니를 내려 최고의 기술을 가진 용접사를 내려보내 배 바닥에 고리를 가능한 많이 용접시켜 로프를 걸고 크레인에 걸어 배의 하강속도를 늦추었어야 했다. 시간만 벌 수 있다면 수많은 방법들을 시도해 볼 수 있는 것이다. 그러나 당시 배가 기울어지는 속도를 늦추려 하는 어떠한 시도도 없었다. 물론 이러한 것은 실제로 해 보지 않고는 효과를 장담할 수 없다. 그런 의미에서 이제라도 해경은 이러한 사고를 시뮬레이션해서 훈련을 해 보아야 할 것이다.

 21세기 급변하는 세상을 지배하는 것은 과학이다. 과학이 발달하면 발달할수록 사고의 규모도 크고 복잡해진다. 전쟁도 마찬가지다. 모든 의사결정에 자연과학에 대한 지식은 결정적 힘이 된다. 인문학적 수사로 때울 수 있는 것이 아니다.

대통령 탄핵

　그 사건 이후 대한민국 모든 국민은 한동안 정신이 나가 있었다. 그 와중에 박근혜 대통령은 계속 정치적 헛발질을 했다. 애먼 해경이란 조직을 없애 버렸고, 남북교류의 마지막 보루였고 북한을 제어할 최후의 지렛대였던 개성공단을 하루아침에 폐쇄해 버렸다. 그러고는 뜬금없이 개헌을 들먹거렸다. 그때 나는 그녀의 한계를 알았다. 그릇이 아니구나! 그러나 어쩌랴. 우리 역사상 사악한 대통령, 어리버리한 대통령이 한둘이 아니었는데, 새삼 놀랄 일이 아니지 않던가? 참으로 지도자를 잘 뽑아야 하는구나…. 남아 있는 짧은 임기가 참으로 어렵겠구나 생각하고 있었다.

　그런데 사람들은 역시 참지 않았다. 세월호 사건으로 가슴에 응어리가 너무나 컸던 사람들은 이제 그녀의 사소한 잘못도 참지 못했다. 그리고 2015년 가을 최순실 사건이 터졌다. 드디어 광화문에 촛불이 등장했다. 그동안 세월호의 응어리를 풀 대상을 찾지 못해 가슴 속에 분노를 꾹꾹 눌러놓고 있었는데 드디어 그 대상이 떠오른 것이다. 촛불은 들불처럼 번져 갔다. 거기다 일부 정치꾼들이 이 상황을 그냥 둘 리 만무했다. 폭발하고픈 군중들의 분노의 촛불에 그들은 부채질을 하였다. 대한민국 정치는 이미 촛불의 바닷속에 사라져 버렸다. 촛불의 바다는 모든 것을 압도하고 있었다. 이럴 때 이성을 찾자고 입바른 소리를 했다가는 사회적으로 매장당하는 분위기였다. 그래도 나는 이것은 아니다 판단했다. 이럴 때일수록 냉정해져야 한다고 생각했다. 그때 나는 페이스북과 블로그 등에 다음과 같은 글들을 연이어 올렸다.

대한민국이여 제발 지나치지 말기를....

100만이 모였단다.
하야!
탄핵!
사방 어디를 둘러보아도 분노요, 강경이다.
언론은 뒷북을 치다가 기름을 붓고, 정치인들은 눈치를 보다가 선동을 한다. 지식인이라고 자처하는 사람들까지 이참에 한번 제 자랑해서 떠 보려고 난리법석이다.
마치 이 상황에서 아무 말도 하지 않으면 바보취급당할 상황이다.
분노하지 않으면 애국하지 않는 사람으로 낙인찍히기 십상이다.

과연 그들이 지금 100만 명씩이나 모여서 하야를 외치는 것은 완벽하게 옳은 일인가?
옳은 일이라는 것은 목표가 옳은 것은 물론 과정도 옳아야 한다.
아무리 옳은 일이라도 도가 지나치면 그른 일이 된다.

아무리 정의로운 일이라도 절차가 무시되면 그른 일이 된다.

지금 제정신을 가지고 있는 사람이라면
박근혜가 잘했다고 생각하는 사람은 거의 없을 것이다.
현재까지 드러난 사실과 정황만으로도 매우, 엄청나게 잘못한 것은 분명해 보인다.
그러나 모든 일은 절차가 있다. 급하다고 바늘허리 매서 쓸 수는 없다. 중요한 일일수록 더욱 절차를 중시해야 한다. 하물며 일국의 대통령을 갈아 치우는 일에 있어서랴....

4년 전 우리 국민 51.6%는 박근혜를 선택했다. 하도 실망이 크다 보니 우리가 그때 그녀를 선택하지 않는 편이 더 나았을 것이라고 생각하는 것도 무리는 아니다. 그렇다고 하여 그때의 결정을 쉽사리 무를 수는 없는 것이다. 민주주의에서 선거는 계약과도 같다. 한번 계약한 것은 계약사항을 위반하지 않는 한 지켜져야 한다. 환불에 너무 익숙한 사회, 마트에서 쇼핑하듯 맘대로 결정하고 마음에 안 든다고 쉽사리 무른다면 그것이 과연 건강한 사회인가?

정확한 것은 아무도 모른다. 그때 문재인이 되었다 한들 또 어떤 잘못으로 나라가 요동쳤을는지를.... 우리는 가지 않은 길을 알 수 없다. 이것이 인간의 한계이다. 그래서 상식적인 인간이라면 그저 결정한 사안에 대하여 책임을 지며 나아가는 것뿐이다.

거두절미하고 적어도 우리에게는 남은 1년을 기다릴 책임이 있다. 우리가 이미 그녀에게 5년을 맡겼기 때문이다. 우리는 주인이다. 5년을 계약해 놓고 중간에 사사건건 주인행세를 하려 하는 것은 잘못이다. 세입자가 비록 마음에 들지 않는 장사를 한다 해도 그것은 어쩔 수 없다. 계약사항을 위반하지 않는 한 기다려야 한다. 즉, 그녀가 헌법에 명시한 내란이나 외환의 범죄를 저지르지 않는 한 탄핵과 소추의 대상은 아니다.

결정이 중요할수록 우리는 더 냉정해져야 한다.
흥분한 상태에서의 결정은 필연적으로 잘못된 결정을 하게 된다.
시대가 바뀌었다.
독재의 칼날 아래 쥐죽은 듯 살던 시대가 아니다.
제 목소리 하나 내려면 목숨을 담보해야 하던 시대가 아니다.
개나 소나 자기 목소리를 낼 수 있는 시대다.

그래서 지금은 누구 목소리가 큰가를 자랑해야 하는 시대가 아니다. 오히려 목소리를 낮추고 절제와 책임지는 자세, 기다리는 인내가 더 필요한 시대다.

광화문의 열기는 점점 더해 갔다. 박근혜는 아무런 말도 없다. 해결책이 보이지 않는다. 참으로 답답했다. 그리고는 그저 답답함을 다음과 같이 sns에 풀 수밖에 없었다.

인간 박근혜의 한계와 진정한 리더십.

온 나라가 법석이다. 마치 벌집을 쑤셔 놓은 것처럼....

전쟁이 난 것도 아닌데....

우리는 갑자기 왜 이러는가?

무엇이 변했단 말인가? 무엇이 우리를 이토록 분노하게 만드는가?

냉정한 눈으로 보면 사정이 변한 것은 아무것도 없는데....

불안한 경제가 어제 오늘의 일이 아니고, 아무런 방도를 내놓지 못하는 정치가 어제오늘의 일이 아닌데....

큰일이 터졌을 때마다 올바른 해결책을 내놓지 못하는 대통령의 무능이 어제 오늘의 일이 아닌데....

왜 이토록 우리는 지금 흥분하는가?

모든 일이 그렇듯 이 상황도 단일한 요인이 만들어 낸 것은 아니다.

정치에 대한 불신, 경제에 대한 불확실, 안보에 대한 불안, 그리고 궁극적으로는 지도자 박근혜에 대한 실망.

이러한 시기에 최순실이 터졌다. 뇌관이 터진 것이다.

본질은 무엇일까? 최순실일까?

아니다. 본질은 리더의 부재다! 리더십의 부재다!!

4년 전, 우리 국민의 절반 이상이 박근혜를 선택했다. 그때도 세상은 어지러웠다. 난국을 헤쳐 나갈 지도자를 간절히 갈망했다. 9년 전, 그래도 대기업을 해 본 사람이니 경제는 살릴 수 있을 것이라는 기대를 갖고 선택했던 이명박이 5년 동안 개판을 쳐놓고 난 후, 우리는 무모한 선택일 수 있음을 불안해하며 상당 기간 베일에 감추어져 있었던 그녀를 선택했다. 그때 우리는, 그녀는 아마도 평범한 사람이 아닐 것이라 생각했다. 비범한 사람일 것이라 생각하고 싶었다. 어눌한 말투에 날카로움은 없어도 아버지가 조국 근대화의 영웅이었으니 그 피가 어디 가겠느냐는 막연한 기대도 있었다. 적어도 한 번 말한 약속은 지킨다 하는 그 말을 믿었고, 천하가 다 요동치는 상황에서도 중심을 잡고 흔들림이 없이 줏대를 가지고 나라를 이끌 것으로 생각했다.

　그래서, 우리의 아들딸들이 가라앉는 배 속에서 절규하며 몰살되는 최악의 상황에서도 우왕좌왕 아무것도 하지 못하는 무기력의 극치를 보여 준 세월호 사태의 잔인함 속에서도 애써 분노를 삭이었고, 70년 동안 동족이 찢겨져 왕래도 못하며 사는 이 엄중한 현실에서 남과 북을 이어 주는 마지막 보루이고 수많은 기업의 생존 터전이었던 개성공단을 하루아침에 폐쇄하는 어이없음을 목도하면서도 그것이 사고무친 연약한 몸매의 여인네 머릿속에서 일년삼백육십오일 쉬지도 않고 뼈를 깎고 살을 도려내는 치열한 갈등과 수많은 고민 속에서 나온 어쩔 수 없는 결정일 것이라 자위하며 용서를 하고 있던 차였다. 그런데 그것이 아니었다니....

　리더는 고독하다. 결정 하나하나를 해야 하는 순간 특히 그렇다. 그래서 그러한 결정에 도움이 되는 누군가의 의견이 필요한 것은 당연하다. 그것이 공식적 루트이든 비선이든 그것은 중요하지 않다. 최선의 선택을 위하여 최적의 시간에 최적의 사람의 의견을 듣는 것을 나무랄 수는 없다. 그러나 그러한 의견은 그저 참고일 뿐이다. 최종 결정은 리더 자신의 몫이다. 그 과정은 잔인하다 할 만큼 고독하다. 정직하게 말해 그러한 고독과 고통을 감내할 자신이 없으면 리더가 되지 말아야 한다.

사실은, 사정이 어땠는지 아무도 모른다. 당사자 말고는 모른다. 어쩌면 우매하다면 당사자도 모를 수 있다. 아무리 정밀한 수사를 해도 그것은 마찬가지다. 최순실이 결정했는지 자신이 결정했는지.... 그러나 우리는 느낀다. 여태까지 여러 번의 의사결정에 무언가 합리성과 일관성이 결여되어 있었다는 것을....

거기에다 이러한 의혹이 본격적으로 문제가 되는 시점에 생뚱맞게 개헌이라는 카드를 들고 나오는 그대의 저의는 지극히 유치하다.

각설하고....

이제 남은 문제는 가능한 한 진실을 정확히 밝혀야 한다. 상식적인 국민의 눈높이에서 납득될 수 있도록. 그리고 잘못이 있는 모두를 실정법에 따라 엄정히 처벌해야 할 것이다. 인간적인 비난은 이쯤에서 자제해야 한다. 우리에게 오늘은 당면한 과제를 처리하기도 벅찬 날들이기 때문이다.

또 한 가지 어쩌면 더 중요한 문제가 있다. 우리 스스로에 대한 반성이다. 간음한 여인에게 돌을 던지는 그 누가 결백하다고 말할 수 있을 것인가?

그리고 망각하지 말아야 한다. '우리가 역사로부터 알 수 있는 사실은 우리가 역사로부터 아무것도 배울 수 없다.'는 비관적 윤회를 반복하지 않으려면....

다행히 우리에게는 2017년이 있다. 중요한 선택의 기로이다. 새로운 지도자는 평범해서는 안 된다. 삼라만상의 원리를 이해하고 인간의 욕망을 통제할 수 있는 초인이어야 한다. 가장 초인에 근접한 사람이어야 한다. 그리고 우리 모두는 맡은 일을 해 나가며 조용히 그 초인을 기다려야 한다.

또다시 안타까운 역사를 반복하지 않으려면....

나는 최순실의 문제는 탄핵의 대상이라 생각하지는 않는다. 이 정도 잘못은 그 이전 정권에 비하여 더 심하다고 할 수는 없다고 생각한다. 그때까지만 해도 잘만 수습하면 탄핵까지 갈 상황은 아니었다. 그런데 그녀는 그만한 능력이 없었다. 악수를 계속 두었고 결국 대한민국 역사상 최초로 대통령 탄핵이 결정되었다.

이 상황을 어떻게 해결해야 하는가? 누가 해결해야 하나? 나의 고민은 시작되었다.

그리고는 대한민국이 나를 원한다면, 역사가 나를 원한다면 못할 것도 없지! 그래, 십자가를 지자! 내 건강이 비록 완벽하지는 않지만, 그래도 세상이 나를 원한다면 나를 던지자!

대통령 예비후보 등록

그동안 정치를 한 것도 아니고, 아무것도 갖추어지지 않았고, 기간도 너무 짧아 가능성이 없다는 것을 알았지만 그래도 나의 이러한 작은 몸짓이 대한민국을 조금이라도 변화시킬 수 있다면 그것만으로도 성공이라는 생각으로 친구들 둘을 모아 선거사무장과 수행비서 역할을 맡기고 대통령 예비후보에 1번으로 등록했다. 당연히 무소속이었고, 등록한 날 바로 자전거 전국 일주를 시작했다. '대통령 예비후보 김기천' 어깨띠를 두르고, '세계최고 김기천! 세계최고 대한민국!'을 등 뒤에 붙이고….

◆ 출마선언후 자전거 전국일주하기전
회사 직원들과 함께

사업을 시작하고 1년 365일을 일만 하며 지낸 지 10년 만에 처음으로 일을 놓고 페달을 밟았다. 만일을 대비하여 순석이와 만규가 모닝밴을 타고 번갈아 운전하며 뒤따랐다. 광명에 있는 회사에서 직원들의 배웅을 받고 1번 국도를 타고 현충사에 도착. 이순신 장군을 참배하고 아산에 있는 지인 형들을 만나 저녁을 먹으며 포부를 이야기하고 첫 밤을 온양관광호텔에서 묶었다. 이후 유구를 지나 논산에 있는 부모님 묘소도 둘러보고, 정읍을 지나 광주까지, 이른 봄 햇볕을 만끽하며 며칠을 내달렸다. 망월동 묘지를 참배하고, 매화가 필 무렵 섬진강길 하동을 지나 부산까지 참으로 꿈같은 여행이었다.

그렇게 1주일이 지나가 버렸고 회사 옆 공간에 선거 사무실을 만들고 배너를 만들고 언론사에 이메일을 보내고 몇몇 사람을 만나다 보니 본후보 등록이 코앞으로 닥쳤다. 아래 글은 당시 출마 연설문이다.

안녕하십니까?
대통령에 출마한 김기천입니다.
저는 가난한 목사의 아들로 태어났습니다. 항공대를 졸업하였고, 공군장교로 제대하였습니다. 건강이 좋지 않아 조직생활에 적응할 자신이 없어서 다시 공부하여 의대에 들어가 의사가 되었습니다. 조그만 동네의원을 하던 중 아이디어가 생겼고 특허출원을 하여 제조업을 창업하였습니다. 여러 가지 실패도 많이 했지만 마지막은 성공하였고 보람 있었습니다. 생각해 보면 파란만장한 세월이었습니다.

이제 그 일을 잠시 접고 나의 조국 대한민국을 위기에서 구하고자 대통령에 출마합니다. 욕심은 없습니다. 선택받지 못해도 상관없습니다. 오히려 부담을 털고 가벼운 마음으로 가던 길을 걸어갈 것입니다. 그러나 절박한 마음으로 이 자리에 섰습니다. 결코 쉬운 길이 아닌 것을 알지만 이 길만이 이 위태위태한 대한민국을 구할 최선의 길이라 판단했기 때문에 이렇게 나왔습니다. 신음하는 지구, 위태로운 문명, 불안한 인류에 희망의 불꽃을 지필 최선의 길이라 확신하기 때문에 이렇게 섰습니다.

우리나라! 참으로 어려운 나라입니다.
역사상 언제 한번 기 펴고 산 적이 없습니다. 대륙의 큰 땅 놔두고 한반도까지 밀려와서 모진 침략 견뎌 내며 용케도 핏줄을 이어 오다 36년간 나라도 빼앗기고 결국 동족상잔의 비극으로 허리가 잘린 채로 안타까운 삶을 이어 오고 있습니다. 그러한 아픔 모두 견뎌 내고 이제 겨우 먹고사는 문제를 해결했다고 자위하며 살고 있는데 북쪽 형제는 또 핵무기와 미사일로 우리를 위협하고 있습니다.

생각해 보면 대한민국에 위기가 아니었던 적은 한 번도 없었습니다.

이러한 위기감 속에서 4년 전 다른 것은 다 몰라도 돈에 욕심 없고 아버지를 닮았을 테니 리더십 하나는 있을 것이라 생각하고 우리는 박근혜를 선택하였는데, 대한민국은 지금 또다시 이지경이 되었습니다.

무엇이 문제일까요?

문제는 지도자입니다. 지도자의 책임입니다.

정치 안정을 위해 거대 여당을 만들어 줘도 보았고, 무지막지한 권력을 견제하라고 여소 야대를 만들어 주어도 보았습니다. 신생 정당을 탄생시켜 모든 기성 정치세력에 경종을 울려 보기도 하였습니다. 그러나 상황은 어떻습니까? 이제 무엇을 더 해 보아야 합니까?

리더십이 없으면 어떠한 처방도 효과가 없습니다. 지도력이 사라진 사회는 망할 수밖에 없습니다. 수많은 역사가 이를 증명합니다.

거꾸로 리더십이 있다면 희망이 있습니다. 아무리 어려운 상황이 와도 걱정할 필요가 없습니다. 제대로 된 리더십은 최악의 상황에서도 최선의 선택들을 해 나갈 것이기 때문입니다.

저는 제대로 된 리더십을 바탕으로 경제적으로나 군사적으로나 그리고 윤리적으로나 세계 어디에 내놓아도 떳떳한 나라, 존엄한 대한민국을 만들려고 합니다. 위기의 인류에 희망을 주는 선도적 대한민국을 만들려고 합니다.

그러면 이러한 리더십은 어디서 나오는 것일까요? 제대로 된 리더십은 단편적 지식에서 나오지 않습니다. 제대로 된 리더십은 삼라만상의 기본원리 즉, 물리학에 대한 깊은 이해와, 인간의 몸과 질병에 대한 확실한 지식, 그리고 인간 의식의 밑바닥 깊은 곳에 자리한 이기심과 욕망을 통제하는 일까지, 총체적인 지식과 자제력 그리고 자기희생에서 나옵니다. 저는 이러한 리더십을 바탕으로 이렇게 부실한 체력을 가지고도, 10여 년 전 세 평밖에 되지 않는 단칸방에서 1인 창업을 하여 지금, 세계최고의 의사들이 열광하는, 세계 최고의 제품을 만들어, 세계를 제패하고 있습니다. 비록 아직 규모면에서 내세울 정도는 아니지만 우리는 세계 어느 회사도 두려워하지 않습니다.

사실을 말하면 저는 제가 이 자리에 서는 상황을 바라지 않았습니다. 가능하다면 그냥 제가 해 온 일을 계속할 수 있기를 바랐습니다. 누군가 초인이 나와서 이 상황을 호전시킬 수만 있다면 저는 그냥 저의 길을 가고 싶었습니다. 그러나 사방 어디에도 이 상황을 해결할 초인은 보이지 않습니다.

결국 이것도 하나의 운명이라 생각하였습니다. 언제나 그랬듯 이 상황에서도 저는 그저 최선의 선택을 하는 것밖에는 방법이 없다는 결론에 도달하였습니다.

저는 다음과 같이 공약합니다.
북한의 핵위협으로부터 완벽한 안전보장체제를 구축할 것입니다.

사드보다도 핵이 필요합니다. 이를 위하여는 수단과 방법을 가리지 않을 것입니다. 개성공단은 즉각 재개되어야 합니다. 햇볕정책을 추진하고 통일을 준비할 것입니다.

재벌의 사회적 책임을 강화하는 정책을 펼 것입니다. 재벌은 그동안 수많은 특혜를 누려 왔습니다. 재벌의 돈은 사실 국민의 주머니에서 나왔습니다. 이제 그 돈을 풀어야 할 때입니다(법인세율 인상 25%, 미국 35%, 중국 일본 25%).

특권 없이 공정한 사회, 출신과 학벌, 연고에 상관없이 누구나 자기의 능력을 마음껏 발휘할 수 있는 사회를 만들 것입니다. 노력하는 사람이 최고로 추앙받는 신바람 나는 사회를 만들 것입니다.

기본소득제를 추진할 것입니다. 분배의 문제는 국가의 중요한 기능입니다. 대한민국 국민이면 누구나 매년 생일에 100만 원씩 지급하도록 하겠습니다.

환경 보호를 최우선하여 지속가능한 인류문명 발전에 이바지할 것입니다. 지구 온난화, 미세먼지, 각종 공해, 심각합니다. 지금 지구는 몸살을 앓고 있습니다. 인류는 그 위험을 고스란히 맞고 있습니다. 이대로 가면 곧 우리 세대에 대재앙이 닥칠 것입니다.

존엄사를 합법화할 것입니다. 고통스럽고 의미 없는 삶을 연장시키는 것은 고문입니다.

성매매방지법을 폐지할 것입니다. 성은 고귀한 것입니다. 제대로 된 가치를 누려야 합니다.

국가의 균형발전을 도모할 것입니다. 모든 것이 수도권에 집중된 대한민국은 엄청난 위험과 비효율이 존재합니다. 대통령에 당선되면 저는 가능한 빨리 세종시에 상주할 것입니다.

화폐개혁을 할 것입니다. 국가 경쟁력을 위하여도 대한민국 국격을 위하여도 화폐개혁은 필요합니다.

개헌을 추진할 것입니다. 한 번의 선거에 5년을 맡기는 것은 너무 깁니다. 대통령도 평가를 받을 기회가 주어져야 합니다. 저는 당선이 되어도 4년을 넘기지는 않을 것입니다.

중국 산동반도와 한반도를 해저터널로 연결하는 사업을 추진할 것입니다. 우리는 이 터널로 기차를 타고 한 시간 만에 중국을 가고 실크로드를 넘어 유럽까지 갈 것입니다.

사람의 마음은 간사합니다. 어제의 적이 오늘의 동지가 될 수 있습니다.

어제의 열등감이 오늘의 자랑이 될 수 있습니다.

혹시 차가 없는 분들 계신가요? 작은 차를 타고 다녀서 창피한 생각이 드시는 분들 계신가요? 훌륭한 분들입니다. 지구를 덜 더럽히는 분들입니다. 차가 없어서 걸어가는 열등감이 나의 건강을 지키고 지구를 위하는 자부심으로 바뀔 수 있습니다. 그리고 바뀌어야 합니다. 돈이 없어서 더러운 일을 하던 열등감이 꼭 필요한 일을 하고 있다는 자신감으로 바뀌어야 합니다. 이것은 현란한 수사가 아닙니다. 사실이고 진실입니다. 이러한 의식의 전환에서 모든 문제는 쉽게 풀릴 수 있습니다.

욕심을 버리면 참으로 아름다운 세상이 펼쳐집니다. 이 일을 저부터 실천합니다. 이러한 분위기를 지도층부터 앞장서도록 만들겠습니다. 노블리스 오블리제. 불가능하다고 포기할 것입니까? 할 수 있습니다. 해야 합니다. 하지 않으면 길이 없습니다.

자 우리 이러한 마음으로 문제를 하나하나 풀어 갑시다. 오늘 못 풀면 내일도 계속합시다. 올해 못 풀면 내년에도 계속합시다. 우리가 못 풀면 다음세대가 풀도록 합시다. 그것이 인생의 진정한 의미이고 보람입니다. 이러한 일에 우리가 앞장섭시다. 이러한 일에 우리 대한민국이 최선봉에 섭시다.

대통령은 국정의 중심을 잡고 조정해야 하는 자리입니다. 어느 한 당에 속하여 치우쳐서는 안 됩니다. 여도 야도 없습니다. 국회의원이 국회에서 치열하게 치고받고 싸울 때도, 모든 사람이 동요하고 천하가 다 들썩인다 해도, 중심을 잡고 있는 사람 한 사람은 있어야 합니다. 중심이 흔들리면 전체가 흔들립니다. 중심이 없으면 결국 쓰러지고 맙니다.

저는 흔들리지 않기 위하여 죽을힘을 다할 것입니다. 중심이 안정된 나라는 평안합니다. 그러한 사회는 힘이 있습니다. 이러한 힘을 바탕으로 대한민국은 전 세계의 중심이 될 것입니다. 모든 나라가 대한민국을 부러워할 것입니다. 어떤 나라 사람이든 그러한 나라에서 한 번쯤 살아 보고 싶은 소망을 갖게 될 것입니다. 그러면 자동적으로 통일도 쉬워질 것입니다. 대부분의 북한 국민이 그러한 자유로운 나라, 힘 있는 나라에 살고 싶어서 안달이 날 때 통일이 쉬워지지 않겠습니까?

지금 우리는 혼돈 속에 빠져 있습니다. 주변은 매우 어둡습니다.

희망의 빛은 어디에도 없어 보입니다. 그러나 틀림없이 빛은 있습니다. 해결책이 있습니다. 우리 함께 이 빛을 찾아 나섭시다. 해결책을 찾아 나섭시다. 그리고 함께 문제를 풀어 나갑시다. 문제를 풀고 그 기쁨을 함께 누립시다. 혹시 해결 못한 문제가 있어도 다음 세대가 훌륭히 해결할 수 있는 아름다운 나라를 만듭시다. 존경받는 나라를 만듭시다. 그러한 나라를 물려줍시다. 이 일을 위하여 저는 저의 모든 노력을 바칠 것입니다.

우리 함께 나갑시다. 함께하면 더 즐겁습니다. 함께하면 더 쉽습니다. 우리는 할 수 있습니다.

감사합니다.

두 달이 채 되지 않은 선거 기간 중 2주일이 훌쩍 지나갔다. 페이스북과 유튜브 등에 몇 편의 글과 동영상을 올렸지만, 몇몇 지인의 응원과 걱정이 전부, 전혀 일반 대중의 의미 있는 반응이 없다. 시간이 촉박하다 보니 정치권이나 유권자나 모두 마음이 급하여 제대로 된 검증과 판단을 할 여유가 없었다. 유권자들도 오로지 더불어 민주당이냐 새누리당이냐 둘 중 하나를 선택하기에도 머리가 복잡했을 것이다. 남은 기간은 한 달 남짓 끝까지 완주하려면 본 후보 등록을 해야 하고 최소로 잡아도 25억 원 정도의 자금이 필요했다. 이 상황에서 현실적인 판단을 해야 했다. 시작한 모든 것을 다 성공할 수는 없다. 언제나 그랬듯 최선을 다했고 나로서는 부산까지 자전거 여행을 할 정도의 건강을 확인했고, 나름 의미 있는 시도였다. 고민할 필요도 없었다. 본후보 등록을 포기하고, 선거사무실 정리를 하고 바로 회사 업무에 복귀했다. 수고한 사람들과 소주 한잔도 못하고…. 3주 정도 자리를 비웠다고 벌써부터 내 앞에는 수많은 일들이 쌓여 있었다.

4 부

2차
건강악화

죽음을

눈앞에

두고

직원의 배신

선거 기간 중 그동안 알고 지냈던 황 사장으로부터 차아염소산수에 대한 정보를 얻었다. 인터넷을 찾아보니 차아염소산의 살균능력이 매우 강한 것을 알게 되었다. 친절하게도 그가 차아염소산수 몇 병을 보내 주어 은용액을 사용하듯이 구강세정을 해 보았다. 은용액보다 효과가 더 좋았다. 거기다 치아 변색의 부작용도 없었다. 컨디션이 좀 더 좋아졌다. 2년 이상을 맞던 성장호르몬도 끊었다. 신기했다. 거의 모든 약을 끊었다.

그렇게 꿈같은 5개월 정도가 지났는데, 다시 조금씩 컨디션이 나빠지기 시작했다. 당시 조금 신경 썼던 일이 있었는데, 대통령 선거를 앞두고 한창 선거 준비를 할 무렵, 데리고 있던 중국 지사 담당자가 회사 제품을 훔쳐 심천으로 도망가는 일이 생겼다. 그러고 말겠지 했는데 몇 달 후 그놈이 우리 제품을 그대로 모방하여 중국에서 출시를 했다는 소식이 날아왔다. 거기다 우리가 참석하는 상하이 전시회에 그놈도 제품을 전시한다고 한다. 나는 바로 그 쌍판대기를 보러 상하이로 날아갔다. 그 녀석은 불과 몇 달 사이에 겉보기에는 거의 똑같은 제품을 만들어 뻔뻔하게 부스를 열고 제품을 전시하고 서 있었다. 중국인 부인과 함께. 아마 이놈은 한국에서 근무했던 2년 동안에도 틈

틈이 카피를 준비했던 것이 틀림없다. 어쩐지 우리 제품에 특별히 관심을 많이 보여, 내가 특히 아껴 주며 많은 노하우를 전해 주었고, 향후 공장장으로 키우면 좋겠다는 생각까지 했던 녀석이었다. 내가 제품을 집어 들고 '재주가 좋구만?' 하고 눈을 뚫어지게 쳐다보니 슬며시 눈을 피하며 '제가 하나요 뭐, 기술자들이 하지요…. 심천에서는 물건만 갖다 주면 다 카피해 줘요.' 아주 뻔뻔한 대답이 돌아왔다. 뭐 어쩌겠는가? 중국에 특허를 내지 못했을 때부터 예견되었던 일이었는데….

특허 심사 유감

이 특허에 관한 에피소드가 있다. 2002년 오류동에서 개원을 하고 있을 때 분산광원 헤드램프 아이디어가 떠올라 특허 출원을 하였다. 연이어 pct 특허도 신청하였다. 그런데 2년쯤 후 특허청(최 모 심사관)으로부터 특허가 될 수 없다며 의견제출 통지서가 날아왔다. 분명히 특허가 될 사안인데 심사관이 무지하구나 생각하고 의견제출서를 보내 놓고 심사관한테 전화를 걸었다. '이것은 분명히 특허가 되는 것이다. 또한 곧 국제특허도 들어가야 하는데, 본국에서마저 특허가 인정이 안 되면 국제특허를 진입하더라도 다른 나라에서 특허성을 인정해 주지 않을 것이다. 그러면 향후 외국에서 이 아이디어를 복제하여 우리나라에 막대한 손해를 끼칠 것이다. 다시 한번 잘 판단하시라. 내가 개원을 하고 있어서 평일(에는) 대전에 못 내려가는데 휴일이라도 시간 내서 한번 만나 주셨으면 좋겠다.'고 까지 사정사정했다. 사람의 생각을 바꾸게 하는 것만큼 어려운 일이 있을까? 결국 특허 거절 결정이 났고, 그사이 국제특허 진입기간도 지나가 버렸다. 억울하지만 어쩌랴. 칼자루는 그가 쥐고 있는 것을…. 나는 특허 심판원에 제소를 했다. 심판원의 판단은 역시 달랐다. 심판관은 특허성을 인정하고 다시 심사관에게 재심하라고 넘겼다. 그제서야 그는 특허등록을 해 주었다. 화가 났다. 하도 화가 나서 특허청장과 특허청 홈페이지에 '틀림없이 이 문제는 후일에 대한민국에 큰 손해로 돌아올 것이다. 제발 특허 심사할 때 발명자의 설명을 잘 듣고 신중이 결정해 주길 바란다.'라는 글을 올렸다. 그래 봐야 무슨 소용이 있으랴. 이미 국제특허를 받을 수 있는 기한이 지나가 버린 것을! 10년 전 내가 예상했던 상황이 지금 결국 정확히 터져 버린 것이다. 방법이 없었다. 이제는 없는 에너지를 짜내 그놈 제품보다 더 경쟁력 있는 제품을 만들어 정면 승부하는 수밖에….

다시 증상 악화

마음이 바빠졌다. 어떻게 해서든 지금 제품보다 더 좋은 제품을 내놓아야 한다. 머리를 쥐어짜 냈다. 그런데 컨디션이 나빠지기 시작했다. 머리가 돌아가지 않는다. 돌아가지 않는 머리를 짜내 새로운 아이디어를 내고 특허출원을 하고 좀 무리하기는 했는데, 내가 원래 좀 대범한 구석이 있어 배신감 같은 것을 마음속에 계속 담아 두는 편이 아니었다. 그런데 컨디션 회복이 안 된다. 차아염소산으로도 안 되었다. 다시 한 가지씩 수단이 추가되었다. 노르믹스, 플루코나졸, 성장호르몬 등. 그러나 이 모든 수단을 다 써도 증상이 호전되지 않는다. 아니 이전보다 급격하게 컨디션이 악화되었다. 그동안 나의 세포들이 나이를 더 먹었고, 텔로미어는 더 짧아졌을 것이고, 세포분열 속도는 더 떨어졌을 것이다. 결국 면역이 더 떨어지다 보니 악화의 속도가 빨라지는 것 같았다. 아무리 열심히 자주 차아염소산 구강세정을 해도 그때뿐. 어지럽고, 허리가 끊어질 듯 아프고, 먹는 대로 설사가 되어 나온다. 잠도 잘 수 없고 체중도 급격하게 빠졌다.

처음 플루코나졸을 먹었을 때는 증상이 호전되어 금방 살아날 것 같다가도 2~3일 후 곧 다시 증상이 심해졌다. 일시적으로라도 곰팡이 약이 듣는 것을 보면 곰팡이가 주요한 원인 중 하나인 것은 확실해 보였다. 플루코나졸에 내성이 생겼다고 판단하고 다른 곰팡이 약을 먹어 보았다. 약을 바꿀 때마다 일시적으로 듣다가 이내 다시 악화된다. 그렇게 우리나라에서 시판되는 곰팡이 약은 모두 먹어 보았을 것이다. 최종적으로 안 듣는다.

나의 모든 처방이 효과가 없는 상황에서 지난번처럼 대학병원 교수들이라고 별수가 있을 것 같지는 않았지만 그래도 혹시나 하는 마음에 대한민국 유명 병원의 교수들을 찾아가 가능한 모든 검사를 받았지만 역시 원인을 몰랐다. 대변이식을 하면 괜찮아질까 하여 세브란스병원을 갔으나 적응증이 안 된다며 거절당하였고 자기로서는 '해 줄 것이 없으니 집에서 양생을 잘하시고, 아시겠지만 가능한 한 다양한 유산균을 먹으라.'는 이야기를 녹음기처럼 들려줄 뿐이다. 정통의학으로는 아무런 해답이 없다고 판단하고 인터넷을 뒤져서 수많은 방법을 찾아 시도하였지만 증상은 지속적으로 악화되었다.

이번에야 말로 이것이 나의 마지막이 될 수도 있다는 생각이 다시 들었고, 혹시라도 내가 회복이 된다면 이것은 인류 의학사에 중요한 사례가 될 수 있을 것이라 생각하고 아무리 힘들어도 나의 고통을 기록으로 남겨야겠다는 생각에 정신이 잠깐잠깐 들 때마다 나의 상태를 컴퓨터에 남겼다. 이 기록이 혹시라도 후학에 기여할지도 모르니…

일기를 쓰다

<2017년 12월 18일>

여전히 잠이 편치 않았다.

중간에 두 번 깨서 차아염소산 구강세정을 했지만 6시 반. 몸이 천근만근이다. 그래도 일어나서 또 가야만 한다. 여느 때처럼 화장실에 가서 코를 풀었다 하얀 세면대에 붉은 피가 뿌려진다. 하루하루 양이 많아진다. 마치 수명곡선이 종말을 향해 급격한 기울기를 보이며 떨어지는 듯하다. 마지막 수단이라 생각하고 대변이식을 하려고 세브란스병원을 예약한 것이 12월 27일! 앞으로 열흘이나 남았는데….

그래 마지막 방법을 써 보자. 차아염소산 먹어 장세척을 해 보자

7시경부터 차아염소산수를 만들어 먹기 시작했다. 만들고 먹고, 만들고 먹고를 한 10차례를 했다 1.5리터 이상은 족히 먹은 것 같다. 평소 소금물(로) 장세척(을)할 때는 이맘때쯤 맑은 변이 나왔던 것 같은데 아직도 맑은 변이 아니다. 맑은 변이 나와야 완전히 장이 세척된 것이고 차아염소산수를 중단할 수 있는데…. 그런데 도저히 구역질이 나서 더는 못 먹겠다. 그때 드디어 약간의 맑은 변이 나오는 듯했다. 이 정도면 할 만큼 했다. 더는 못 하겠다. 어질어질하지만 그런대로 견딜 만은 했다. 유산균제제 3가지를 먹었다. 잠시 정신을 차리

고 일을 쳐 내는데 갑자기 다시 어지럼이 심해진다. 구역질도 더욱 심하다. 돼지 목 따는 소리를 계속 내며, 결국 약간의 구토물이 나왔다. 그래도 조금도 편해지지 않는다. 어지럽고 정신이 아득하다. 왜 이럴까? 이대로 죽는 것은 아닐까? 아무도 가지 않은 실험을 한 것이라 도무지 예측이 되지 않는다. 두려움이 몰려왔다. 그래도 다른 한편으로 '죽기밖에 더 하겠는가? 그래 장렬히 죽자!' 그렇게 마음을 다져 먹었는데도 어지러움이 더 심해진다.

그때 문 상무가 문을 열고 들어왔다. 웬 소독약 냄새냐는 소리와 함께 '앗차! 염소가스 중독일 수 있겠구나!' 차아염소산수가 몸속에 들어가서 결국 염소가스를 발생시킬 테니 염소가스 중독증상일 수 있겠다는 생각에 죽을힘을다해 눈을 부릅뜨고 인터넷을 뒤졌다. 염소가스 중독증상과 일치했다. 창문을 열고 환기를 시키고 찬 바람을 쏘였다. 조금 나아진다. 배가 남산만 하다. 항문에서 물도 나오지 않는다. 소변도 신통치 않다.

컨디션이 여전히 안 좋다. 장폐색이 되는 것은 아닐까? 청진기를 배에 대 보았다. 장이 거의 움직이지 않는다. 거의 2리터의 차아염소산수를 먹었는데 이렇게 소변이 안 나온다는 것은 급성신부전에 빠지는 것은 아닐까? 간부전은? … 가 보지 않은 길을 가는 것은 두렵다.

몇 번을 토하고 신선한 공기를 맞으니 조금씩 조금씩 정신이 든다. 오전 내내 그렇게 비몽사몽이었다. 오후 들어서야 소변이 많이 나오기 시작했다. 2리터 차아염소산수가 항문으로 많이 나오기를 기대했는데 항문으로는 별로 안 나오고 대부분 소변으로 나왔다 장에서 머물면서 대부분 흡수가 되었다는 이야기다. 저녁때가 되어서야 컨디션이 어느 정도 회복되었다.

<12월 19일>

아침 코피가 현저히 줄었다.

남아 있던 유산균 음료를 먹었다. 이제는 좋은 균을 집어넣어 주는 일이 남았다.

이후 각종 유산균을 구할 수 있는 대로 모두 모았다. 열 가지도 넘었다. 유산균뿐만이 아니었다. 오레가노 오일을 비롯 각종 오일은 물론, 면역에 좋다는 각종 약제를 무조건 샀다. 책상에 약이 산더미처럼 쌓였다. 그렇게 수많은 방법을 사용하며 그럭저럭 버텼지만 결국 최종적으로 증상이 좋아지지는 않았다.

<2018년 2월 2일>

대변이식 위해 공여자인 친구와 함께 Y 병원 진료 후 입원 예약.

<2월 12일>:

워터픽 세정 때마다 오른쪽 위 어금니를 세정할 때 특히 어지러움이 심하여, 우리 제품 마니아인 시흥동 Y 치과 K 원장에게 오른쪽 위 어금니 크라운 제거를 부탁했다.

설렁탕 국물로 저녁을 때운 후 크라운이 제거된 치아 뿌리 부분을 워터픽으로 세정하는데 너무 어지러워 견딜 수가 없어 야간에 그 원장을 호출하여 애 엄마가 운전하여 치과 방문.

제발 이를 빼 달라고 사정하였으나 밤에 어시스트도 없어 썩션을 할 수 없으므로 도저히 못하겠다 하여 할 수 없이 그냥 귀가함.

<2월 13일>

아침에 다시 Y 치과 방문. 무릎 꿇고 울며 빌어서 그 치아발치 후 어지러움 약간 호전.

<2월 14일>

어지러움 다시 심해짐. 장내 칸디다를 굶기는 방법밖에 없다고 결론짓고 TPN(완전 정맥 영양주사: 금식하며 정맥으로만 영양분을 공급하는 것)으로 당분간 연명하기로 마음먹음.

<2월 15일>

설 연휴 첫날 TPN(을) 위하여 신림동 Y 병원 응급실 통하여 입원. 금식을 하고 TPN만으로 영양을 공급하니 증상 약간 호전되어 17일 퇴원함.

<2월 18일>

부천 K 치과 L 원장에게 꼼꼼한 스케일링을 받고 증상(이) 약간 호전(됨).

<2월 20일>

아침 10시 스케일링(을) 다시 받고 좀 더 좋아져서 그 치과의원 E 원장으로부터 구강유산균 추천받아 빨아 먹은 후 다시 어지러움 심해

져 오후 4시 다시 방문. 두 개의 치아 스케일링 시 특히 어지럼증 심하여 그 두 개 치아에 감염(이) 의심됨.

<2월 21일>

부천 K 치과에서 아침 10시 두 개 치아 발치. 엑스레이상 두 개 중 한 개는 신경 치료한 것이고 나머지 한 개는 신경 치료하지 않은 것으로 판단되었으나, 발치 후 치아를 확인하니 둘 다 신경 치료한 치아로 결론 남. 발치 후 증상 상당히 호전.

신경 치료한 치아를 모두 발치하고 다른 치아를 반복적으로 스케일링한 후 잠시는 편해졌다가도 시간이 지나면서 다시 어지러움 심해지는 증상(이) 반복됨. 결국 대변이식을 하기로 하고 Y 병원에 입원하였으나, 입원 중 상태가 악화되어 내시경을 할 수 있는 컨디션도 못되어 결국 대변이식도 못함.

내 생각에 칸디다가 분명한 것 같아서 감염내과 과장 진료를 신청함.

'이러이러해서 칸디다 감염이 분명해 보이니 의료보험과 관계없이 약값을 모두 부담할 테니 암포테리신이나 최근에 개발된 에치노칸딘 계열의 약 아니둘라펀진 좀 투여해 달라.'고 사정을 하였으나, 그는 전혀 내 의견에 동의할 수 없다며 거절을 한다.

증상은 점점 심해지고 제발 아니둘라펀진 주사를 한 번 맞고 죽더라도 죽고 싶었다. 해 볼 수 있는 방법은 다 해 보아야지 않겠는가?

세상의 모든 곰팡이 치료제를 쓰다!

부산에서 산부인과 전문병원을 크게 하는 재준이한테 전화를 했다. 자초지종 이야기를 하고 '아니둘라펀진 주사 좀 구해 줄 수 있겠는가?' 부탁을 했다. 원래 호탕하기도 하고 또 나에 대한 믿음도 있는 재준이는 바로 승낙을 한다. '내려오십시오!'

Y 병원에서 아무것도 해 줄 것이 없는 상황에서 시간을 지체할 이유가 없었다. 2월 27일 Y 병원을 퇴원하고 129를 불렀다. 아무것도 못 먹으니 하얀색 TPN(정맥영양주사)을 매달고 난생처음 응급호송차를 탔다. 그런데 맨정신으로는 정말 못 탈것이 129였다. 봉고차 지붕에 묵직한 경광등을 달고 달리다 보니 차의 무게중심이 위에 있어 직선구간을 달릴 때도 차가 흔들려 거의 롤러코스터를 탄 느낌이다. 내가 어지러운 것은 당연한데 그렇게 건강한 친구 순석이의 얼굴까지 노래진다. Y 병원을 떠나 겨우 20분도 안 되어 서울대 입구까지밖에 못 갔는데 도무지 견딜 수가 없었다. 이 상태로 어떻게 부산까지 간단 말인가. 몸은 천근처럼 무겁고 머릿속은 안개가 자욱한데 그래도 의사결정은 내가 해야 했다. 있는 힘을 다해 기사에게 차를 회사로 돌리고 명령했다. 투덜거리는 기사에게 달라는 대로 돈을 주고 광명에 있는 회사에 도착했다.

그제서야 순석이도 한숨을 내쉬며 말한다. 사실 자기도 힘들었다고…. 129를 타고는 도저히 못갈 것 같았었다고…. 이제 어찌해야 하나…. 택시를 타고 가야 하나, ktx를 타고 가야 하나? 평소 같으면 너무나도 쉬운 결정이 몸이 말을 듣지 않으니 모든 결정이 어려웠다.

결국 내가 타고 다니던 스타렉스를 타고 부산까지 가기로 했다. 친구가 운전을 하고 나는 조수석 손잡이에 TPN 수액을 매달고 조수석 의자에 쓰러지듯 기댔다. 거의 일주일째 곡기가 들어간 것이 없으니 기력은 없고 어지럽고…. 그래도 내 차가 편했다. 차창 가득히 따스한 봄볕이 내리쬐고, 달리는 차의 잔잔한 진동이 몸을 안마해 주어 나른함과 함께 잠속으로 빠져들었다.

그렇게 한낮을 달려 재준이 병원에 도착한 것이 오후 4시. 재준이는 나를 위하여 모든 것을 준비해 놓고 있었다. 바로 입원실로 올라갔고, 아니둘라펀진 주사 투여를 저녁 7시에 시작하여 9시에 끝났다. 그리고 모든 영양을 정맥으로 투여했다. 1주일간 아무것도 먹지 않고 주사로만 사니 증상이 많이 좋아졌다. 혹시 아니둘라펀진이 효과를 발휘하는 것은 아닐까? 기대를 하며 이제 약도 있으니 2~3주 주사만 맞아서 낫는 것이라면 굳이 입원해 있을 필요가 없었다.

<3월 3일>

아니둘라펀진과 TPN 수액제, 수액세트 등을 모두 챙겨서 퇴원하여 상경하여 회사로 왔다.

나는 원래 정맥주사도 혼자 스스로 맞는다. 내가 찌르는 게 제일 안 아프다. 인턴 초기 처음 한두 명 채혈할 때를 빼고 그 이후부터 레지던트 때도 나는 아무리 혈관이 없는 사람이라 해도 정맥주사를 실패하는 법이 없었다. 그것도 거의 통증을 느끼지도 못하게…. 물론 이런 경지에 이르기까지 완벽한 해부학적 조직학적 지식과 정신집중이 필요했지만….

한번은 서울백병원에서 레지던트를 하며 소아과 파견 근무를 할 때 응급실로 6개월쯤 된 아이가 로타바이러스 장염에 걸려 전라도에서 올라온 적이 있었다. 6개월밖에 안 된 작은 몸에 설사가 심하여 탈수가 진행되어 핏줄이 축소되어 혈관을 잡기가 쉽지 않은 경우였다. 이미 중간에 다른 병원에서 몇 번 찔렀으나 실패하여 백병원까지 오게 된 아이였다. 일단 상황파악이 되었으니 최선을 다하여 집중하여 혈관을 잡아내는 것이 관건이었다. 엄마는 물론 할아버지까지 온 걸 보면 얼마나 급했을지 감이 왔다. 나는 마치 주술사가 주문을 외울 때처럼 온 정신을 나의 손끝에 집중하고 가녀린 팔뚝을 여기저기 더듬어 단 한 번에 혈관을 잡고 수액을 달았다. 그들의 입에서 작지만 안도의 탄성이 나왔다. 로타바이러스 장염은 수액만 잘 공급해 주면 잘 낫는 병이다. 비록 의료현장을 떠난 지 10여 년. 그동안 거의 손을 놓았지만, 가끔 많이 힘들 때 영양주사를 사다가 내가 맞은 적이 몇 번 있었고, 무엇보다 나는 나의 손재주를 믿는다. 결국 내 방이 병실이 되었다. 수액을 달아 놓는 행거도 만들고 편안하게 주사를 맞으며 지낼 수 있는 환경을 만들어 놓았다.

<3월 4일(일요일)>

내 방 10층 사무실에서 자가 정맥주사 시작. 그런데 TPN을 중지

하고 조심스럽게 입으로 미음부터 입으로 먹는 시도를 해 보는데 음식이 들어가니 바로 다시 증상이 시작된다. 장벽에 이미 구멍이 숭숭 뚫려서 세균이나 독소를 전혀 걸러 주지 못하는 것 같다.

<3월 5일>
다시 입으로 음식물을 먹는 것을 중단하고 TPN 시작.

참고로 나는 지난 몇 년 동안 침을 거의 삼키지 않았다. 침만 삼켜도 어지러웠기 때문이다. 완벽하게 구강 세정을 한 후 30분 이내에는 침을 삼키지만 그 이후는 거의 침을 삼키지 않았다. 그러니 외출할 때는 반드시 침을 뱉는 병을 들고 다녔다.

이후 며칠 동안 TPN으로 연명하며 꼭 필요한 일이 있으면 하얀 TPN 주사액을 매달고 회사 이곳저곳을 돌아다니고 또 때로 수액이 매달린 폴대를 어깨에 메고 스타렉스 운전을 하며 병원과 치과를 오가며 진료를 받는 참으로 웃지 못할 구경거리를 만들며 버텨 내고 있었다. 아니둘라펀진이 칸디다를 완벽하게 죽이기를 바라며…. 그렇게라도 살아야 했고 그렇게라도 회사를 또 운영해야 했다. 그런데 아니둘라펀진 치료 3주가 지났는데도 효과가 없다.

전 치아 발치

아니둘라펀진이 효과가 없으니 또다시 원점이다. 그럼에도 불구하고 구강이 원인인 것은 분명해 보인다. 구강을 하나하나 분석해 보기로 했다. 구강이 복잡하기는 하지만 치아, 혀 그리고 구강점막(편도 포함)으로 구성이 되어 있으니 먼저 치아부터 내가 직접 살펴보기로 했다.

순석이를 불렀다. 내가 만든 헤드램프와 루뻬를 씌워 주고 내 치아를 면밀하게 관찰해 보라 했다. 순석 왈 '너의 치아 표면에 작은 구멍들이 많이 있다.'는 것이다. 헤드램프와 루뻬를 내가 쓰고 순석이의 치아를 살펴보았다. 그는 워낙 치아관리를 잘 안하여 치석이 좀 있었지만 치아 표면은 구멍이 없이 매끈하였다. 이것은 분명한 차이였다. '아! 그 구멍 속에 칸디다를 비롯한 균이 집을 짓고 살고 있겠구나!' 이건 이를 아무리 자주 닦는다 하여 해결될 문제가 아니구나! 그 집을 없애는 것이 중요하다는 생각이었다.

증상은 점점 심해지고…. 급기야 3월 11일, 증상이 너무 심하여서 그날 밤에 잘 아는 치기공사를 불러서 전체 치아를 크라운으로 덮기로 하고 사기질 표면을 갈아 내는 프랩을 실행하였다. 당장에는 살 것 같았다.

그러나 그것도 잠시, 다음 날 아침 이전보다 더 힘들어진다. 이제는 사기질이 모두 벗겨지고 상아질이 노출된 치아가 예민해지기까지 하여 양치질도 못할 지경이 되었다. 물론 어지러움도 극심해지고 당연히 또 치아 표면이 거칠어지다 보니 세균은 더욱 잘 들러붙었을 것이다. 급히 그 기공사에게 전화를 했으나 낮에는 올 수 없고 밤에 오겠다는 답이다. 어지럽고 가슴이 터질 듯 뛰고 금방 죽을 것 같다.

<3월 13일 낮>

너무 힘들어 부천 K 치과 L 원장한테 전화하여 살려 달라고 사정하여 응급진료를 허락받고 L 원장과 E 원장 앞에 무릎을 꿇었다. 사정 이야기를 하고 전체 치아를 빼 달라고 애원을 하였다. 두 원장은 황급히 왜 이러시느냐며 나를 일으켜 세우고 L 원장은 자리를 피해 버리고 E 원장이 계속 나를 설득한다. '이것은 치료가 아니다. 이럴 수는 없다.' 내가 생각해도 이런 상황에서 멀쩡해 보이는 치아를 모두 빼 줄 치과의사는 아마 세상에 없을 것이다.

그러나 나는 다급했다. 이대로 며칠을 버티는 것은 불가능하다. 이런 상황에서 내가 의식이라도 잃게 되면 모든 것은 그것으로 끝이다. 나는 필사적으로 E 원장 앞에 무릎을 꿇고 다리를 잡고 통사정을 했다. 나는 내가 지금까지 살면서 누구 앞에 무릎을 꿇으리라고는 생각도 안 해 보았다. 그런 상황이 되면 나는 당연히 당당하게 죽음을 선택하리라 자신했다. 그런데 요즘의 나는 전혀 달랐다. 사는 것이 최선의 목표였다. 거기다 내가 살아야 인류에 희망이 있다는 생각도 했다. 돈, 자존심은 나의 생명과 대의명분 앞에 아무것도 아니었다.

다행히 오래전부터 나를 알고 있던 E 원장이 시도를 해 보겠다 한다. '평소 사장님을 아는 바 어느 정도 심각한 상황일지 이해가 된다.'며….

나는 당장 모든 치아를 빼 달라고 했지만 그렇게는 못한다며, 그날로 상악 치아 10개를 발치했고 3일 후 경과를 보아서 하악을 시도하기로 했다. 발치와가 빨리 아물도록 PRP 치료(자가 혈소판 치료)를 위해 피를 빼놓고 치과 의자에 누웠다. 누우면 어지러움이 더 심해지다 보니 사실은 누운 것도 아니었다. 45도 정도 몸을 뒤로 젖힌 어정쩡한 자세였다. '이러한 자세에서는 시술을 못해요.'라면서도 E 원장은 뻰찌를 들었다. 이미 크라운을 하기 위하여 사기질이 모두 벗겨지고 송곳처럼 뾰족해진 치아를 빼는 것은 아무리 베테랑 치과의사라 해도 쉬운 일이 아니었다. 진땀을 흘리며 상악 치아를 모두 빼고 간호사에게 doxycycline을 가져오라 한다. 그때 머릿속에는 '곰팡이가 의심이 되는데 doxycycline 같은 항생제를 투여하는 것은 안 좋은데….' 생각이 떠올랐지만 이 상황에서 E 원장에게 이래라저래라 더 이상 부탁을 할 수가 없었다. '이 상황에서 이를 빼 주는 것만도 어디인가?' 몸을 맡기고 꼼짝 않고 있을 수밖에….

그렇게 상악을 모두 발치한 후 이제는 이가 없으니 씹을 수는 없고 음식을 갈아서 가능한 구강을 통과하지 않고 목으로 넘어가도록 구강 안을 모두 거즈로 둘러싸고 빨대로 음식 섭취를 하였다. 상당히 편해졌다. 거울 앞에서 헤드라이트와 루뻬를 끼고 입을 벌리고 발치한 자리를 면밀하게 살폈다. 자세히 보니 치아가 빠진 자리를 꼬맨 블랙실크 실밥 표면에 미세한 하얀 가루 같은 것이 붙어 있다. '곰팡이

구나!' 생각이 들었고 미련 없이 모든 실밥을 풀었다. 이 상황에서 실밥을 풀어 출혈이 되는 것을 걱정할 상황이 아니었다.

<3월 16일>

E 원장이 걱정스럽게 괜찮았느냐고 묻는다. 나는 사실 고생을 좀 하기는 했지만 E 원장 앞에서 고생한 티를 내서는 안 되었다. 어떻게 하여 발치를 허락받은 것인데…. "이전보다 훨씬 좋습니다. 오늘 하악 전체를 발치해 주시면 좋겠습니다."며 씨익 웃기까지 했다. 그런데 그 웃음이 통하지는 않았다. 그것은 무리라며 오른쪽 치아만을 발치하겠단다. 나는 블랙실크 대신 나일론으로 꿰매 달라고 염치없는 요청을 한 가지 더 했다. 블랙실크보다는 나일론이 미끌미끌하여 미생물이 붙어살기가 더 어려울 것 같았기 때문이다. 친절하게도 E 원장은 흔쾌히 승낙한다.

<3월 18일 저녁>

하악 절반까지 발치하였으니 남은 치아는 나머지 하악절반. 그런데 여전히 증상 심해서 나일론 실밥마저 모두 제거하였다.

<3월 19일>

하악 왼쪽 전부 발치. 드디어 입속에 치아가 하나도 없는 상태가 되었다. 그런데도 편해지지 않는다. 저녁이 되자 열까지 난다. 낮에 발치 후 꿰맨 나일론 실밥을 모두 제거했다.

<3월 20일>

이 상황에서 열이 나는 것은 두려운 일이다. 어딘가 염증이 있다는 이야기이다. 특히 칸디다 혈증이 의심이 되는 경우 가능한 모든 몸에 박혀 있는 라인을 제거하는 것이 원칙이다. 어쩔 수 없이 TPN 영양제 라인을 제거했다. 밤 8시가 되어 열이 떨어졌다. 문제는 혈관주사가 없으니 이제부터 입으로 음식을 먹어야 한다는 것이다.

<3월 21일>

아침에 구강을 모두 거즈로 감싸고 유동식으로 빨대로 목으로 넘기는 식사 시작.

그런데 식사만 시작하면 증상은 다시 시작된다. 어쩔 수 없이 다시 TPN을 달고 입으로 먹는 것을 중단했다. 그런데도 증상이 사라지지 않는다. 이빨이 하나도 없는 입속을 칫솔로 양치를 하면 어지러움이 심해지는 것이 여전하다. 2배 루뻬를 끼고 거울 앞에서 또 하나의 작은 거울을 반사시켜 발치와를 살펴보았다. 특히 건드리면 어지러움이 심한 발치와 깊은 바닥에는 여지없이 검은 찌꺼기가 깨알만큼 남아 있었다. E 원장이 발치를 하고 염증 생기지 말고 빨리 아무라고 doxycycline과 PRP를 넣어 주었는데, 칸디다가 그 doxycycline에 붙어 군집을 이루고 있다는 생각이 들었다. 그래서 그것을 아주 작은 큐렛으로 제거하였다. 제거할수록 증상이 조금씩 나아진다. 그런데 스무 개가 훨씬 넘는 발치와가 있고 어떤 발치와는 너무 깊기도 하고 구부러져 있기까지 하여 그 바닥을 모두 청소해 낸다는 것은 불가능하였다. 즉, 칸디다를 완전히 제거할 수 없다는 이야기이다. 그런데 만약 칸디다가 한 마리라도 남아 있다면, 그리고 그 칸디다가 모든 곰팡이 약에 내성을 보이는 칸디다라면 나는 결국 그것 때문에 죽을 수밖에 없다이야기다.

앞이 캄캄해졌다. 애써 이를 빼 준 E 원장이 고맙기는 했지만 한편 아쉽기도 했다. doxycycline만 넣지 않았어도 칸디다가 집 짓고 살 곳이 없으니 나의 살이 차오르면서 치유가 될 희망을 가져 보았는데…. doxycycline이 몸속에서 빠져나오지 않고 흡수도 되지 않으면 그 속에 칸디다도 계속 남아 있으면서 근치가 안 될 수도 있을 것 같았다. 하루하루 몸은 약해지고 혹시나 하는 심정으로 이 상황에서 자극성 장증후군의 최고 전문가는 혹시 무슨 대책이 있지 않을까?

<3월 25일~29일> S 대 병원 입원.

마지막으로 과민성 장증후군의 최고 권위라라고 생각되는 S 대 병원 K 교수(의) 진료를 받아 보기로 했다. 다행히 그 교수와 선이 닿아 응급으로 입원 후 모든 검사를 다하였지만 SIBO(소장세균과다증식)가 약간 있을 뿐 대책이 없다는 것이었다. 그들에게 곰팡이 이야기를 하면 대번에 '곰팡이는 누구에게나 다 있는 거예요! 정상세균총이란 말입니다!' 핀잔하듯 이 말밖에는 안 한다. 입으로 먹기만 하면 너무 힘이 드니 K 교수에게 Gastrostomy(복벽을 뚫고 위로 직접 음식을 집어넣는 튜브)를 해 달라고 요청했다. 그 요청이 받아들여질 리 없다는 것을 알면서도…. 결국 차선책으로 L-tube(코줄)를 삽입했다. 코줄을 통하여 유동식을 위장으로 직접 넣으니 확실히 증상이 좋아졌다.

칸디다가 의심되니 암포테리신 주사 처방을 요청했더니 그것은 감염내과 소관이니 감염내과 진료를 받으라 한다. 감염내과 교수는 고개를 저으며 그 약은 부작용도 너무 심하고 적응증도 안 되니 자기는 해 줄 수 없다는 예상된 답이 돌아올 뿐이었다. 그 병원에서 할 것도 없고 결국 코줄을 낀 상태로 퇴원을 하였다. 예민한 것은 대체로 불편하다. 예민한 내가 멀쩡한 정신을 가지고 코줄을 끼고 생활한다는 것은 불가능했다. 결국 퇴원 후 코줄을 뺄 수밖에 없었다.

팔에 있는 모든 혈관이 터지고…

결국 살기 위하여는 입으로 먹을 수 있어야 하는데, 먹기만 하면 어지럽고 설사 나고 몸이 조여든다. 그래서 다시 TPN을 연결하고 입으로 섭취하는 것을 끊으면 좋아지고…. 그렇게 TPN을 달고 살 수 있을 때까지 살아 볼 생각도 했지만 그것도 쉬운 문제가 아니다. 문헌을 찾아보니 수액으로 전체 영양을 공급하고 입으로 음식 섭취를 하지 않으면 장 상피세포가 위축되어 결국 장부전으로 되어 영영 먹지 못하는 상황이 된다고 쓰여 있다.

또한 수액을 연결하면 그 혈관을 계속 사용할 수 있는 것이 아니다. 오랫동안 주사를 꽂아 놓으면 주사자리에 혈관염이 생긴다. 그래서 이틀 정도 사용하고 나면 다른 혈관을 찾아 주사를 놓아야 한다. 처음 1주일 정도는 오른팔, 왼팔을 번갈아 가며 좋은 혈관을 써서 문제가 없었는데 조력자 한 사람 없이 불편한 자세로 혼자 토니켓을 묶고 앤지오캐스(플라스틱바늘)로 혈관을 찌르고 수액을 연결하다 보니 양팔 전박에 있는 좋은 혈관들은 모두 사용해 버렸다. 이어 발목 혈관까지 이용하게 되고, 이젠 자세가 나오기 힘든 부분의 혈관에 주사를 놓아야 하는데…. 결국 안 좋은 자세로 몇 번을 시도하다가 가능한 모든 혈관을 터트러 버렸다.

이젠 주사를 찌를 혈관이 없었다. 그야말로 남의 도움을 받아야 할 상황인데, 그런데 이런 일은 거의 주말에 발생한다. 아픈 사람한테 주말은 그야말로 공포다. 이 밝은 봄날의 찬란함조차도 나에게는 잔인한 순간이다. '어떻게든 주말을 넘겨야 하는데⋯.' '그다음은 또 어느 병원을 가야 하나⋯.' 일각이 여삼추 같이 지루하고 초조하게 시간이 늦게 흘러간다.

먹을 수는 없고⋯. 혈관은 다 터져서 혼자 정맥주사를 놓는 것도 불가능하고⋯. 이러다가는 말라 죽을 수밖에 없다. 그때 후배인 L 교수가 일산백병원 호스피스 병동에 있다는 것을 알았다. 그녀에게 문의하니 이런 경우 중심정맥라인을 잡아 몇 달이고 TPN을 할 수 있단다. 바로 일산백병원으로 갔다. L 교수의 도움으로 응급실에서 바로 입원을 하여 검사를 하고 며칠간 말초혈관으로 영양공급을 하다가 중심정맥 라인을 잡고 TPN을 달고 퇴원했다. 그러나 퇴원 후 얼마 되지 않아 열이 났다. 칸디다 혈증(칸디가 균이 핏줄 속을 살아서 돌아다니는 경우)인 경우 무조건 체내에 연결된 라인을 없애야 한다. 결국 칸디다 혈증이 걱정되어 중심정맥 라인을 뽑았다.

똥을 먹다

답이 없었다. 그래도 살아야 했고, 모든 것을 내가 하는 수밖에 없었다. 혹시 대변이식이 도움이 되지 않을까하여 친구의 대변을 내 장에 넣기로 하였다. 물론 이것도 스스로 해야만 했다. 2018년 4월 20일, 건강한 친구 순석이에게 부탁을 했다. 네 똥 좀 받아 달라고. 친구의 대변을 받아서 물에 희석하여 건더기를 걸러 내고 최대한 많은 양을 항문을 통하여 관장 주사기로 장으로 집어넣었다. 일시적으로 효과가 있었다. 여러 번을 하면 좋아질까 하여 반복해 보았지만 결국 효과는 일시적이었다. 이번에는 방향을 바꾸었다. 마치 장내시경준비를 하듯 다량의 똥물을 입으로 먹었다. 나중에 항문으로 똥물이 나올 때까지…. 역시 마찬가지다. 젊은 사람 것은 효과가 더 좋을까 싶어 젊은 친구 것으로도 했다. 마찬가지였다. 많은 논문에서 대변이식을 한 후 시간이 지나면 장내 세균분포가 원상복귀된다는 결과와 같았다.

내가 죽겠으니 매일 구글을 뒤져 최신 의학에서 시도되는 방법을 모두 해 보았다. 똥물을 한 바가지씩 마실 정도였으니 무슨 방법을 안 해 보았겠는가? 경제적으로는 여유가 있고 또 우리 제품을 취급하는 대리점들이 전 세계에 분포되어 있다 보니 세상 끝에 있는 방법이라도 찾아서 시도해보려고 여러번 연락도 했었다. 그때 세계 최초로 스

마트폰을 개발하여 성공하고 췌장암으로 이른 나이에 죽은 스티브 잡스가 생각났다. 그 역시 살기 위하여 모든 방법을 강구했을 것이다. 그도 같은 생각이었을 것이다. '이런 상황에서 돈도 의술도 아무 소용이 없구나….'

이제 어디로 가야 한다는 말인가? 그때 언젠가 전남대 감염내과 P 교수가 칸디다에 대한 논문을 쓴 것이 기억이 났다. 전남대병원으로 가 보기로 했다.

<4월 29일>

지난번의 경험도 있고 하여 응급차를 안 부르고 광주까지 친구와 함께 내 차를 타고 가기로 했다.

대부분의 대학병원 응급실이 그렇듯 전남대병원 응급실도 몰려드는 환자들로 아수라장이었다. 숨이 금방 넘어가는 환자에서부터 유혈이 낭자한 환자들로 북새통이었다. 그것에 비하면 나는 피골은 상접해 있어도 환자도 아닌 사람으로 보일 것이 분명했다. 내가 아무리 고통스러웠다하여도 당장 응급이 아닌 것은 분명했기 때문이다. 그런 예상은 적중했고, 응급 검사 후 고통스런 서너 시간을 기다린 후에야 내과의사가 왔다. '내가 의사이고, 이러이런 증상으로 아무것도 먹을 수 없고, P 교수의 논문을 보고 서울에서 여기까지 왔다고 사정했지만, 난처한 표정으로 죄송하다며 입원이 불가하고 내일 P 교수님 외래진료를 받으라 한다. 그리고 자기가 해 줄 수 있는 것은 TPN을 달아 주는 것밖에는 없단다. 이미 시간은 ktx 막차를 향하여 가고 있고…. 이 도떼기시장 같은 곳에서 밤을 새울 수도 없고…. TPN을 달고 다시 차를 끌고 근처 모텔에서 짐을 풀고 친구는 ktx로 올라가라고 했다. 이제 친구도 없고 죽더라도 여기서 승부를 보자는 심산으로 비상용으로 챙겨 간 플루코나졸 몇 알과 수면제를 먹고 침대에 누웠다.

어젯밤 플루코나졸 때문인지 혼자 P 교수 외래진료실까지는 그럭저럭 갈 만했다. 다시 거의 한 시간을 기다린 끝에 내 이름이 불렸고 진료실로 들어갔다. 사진으로 본 것보다 젊고 예쁘고 조그만 P 교수는 이야기를 듣고 입을 벌려 보라고 하더니 깜짝 놀란다. 치아가 하나도 없는 빨간 구강에 놀래 버린 것이다. 그리고 이런 환자는 처음 보았다며 검사를 해 볼 생각도 안 하고 칸디다가 아니니 자기로서는 해 줄 것이 없다며 정신과를 가 보라고 한다. 역시 그 수준이구나…. 이제 혼자 차를 몰고 서울로 올라가야 하는데…. 죽기를 각오하고 운전대를 잡았다. 어제 먹은 플루코나졸 때문인지 기적처럼 중간에 가나 초콜릿 두어 개를 먹으며 회사까지 차를 몰고 올 수 있었다.

<5월 1일>

인간의 몸은 절대로 칸디다를 이길 수 없다. 아무리 건강한 사람이라 할지라도….

방법은 하나 인간의 지능으로 이겨야 한다! 무기를 개발해야 한다! 약물개발을 해야만 한다….

죽음보다 더한 고통이 있다. 멀쩡한 정신에 죽기 직전의 고통이 지속되는 것이다.

이트라코나졸 부작용

그 당시 나는 칸디다 글라브라타를 의심하고 있었는데, 구글 검색을 통하여 암포테리신(암비솜)과 미카펀진(마이카민) 병용투여가 그나마 최강의 조합이라는 것을 찾아냈다. 그래도 치료가 되지 않아 죽는 경우가 상당히 있지만…. 부산 재준이에게 다시 부탁을 했다. 부작용이 우려되었지만 마지막으로 암포테리신과 에치노칸딘 계열(아니둘라펀진, 카스포펀진, 미카펀진 등)의 약을 병합하여 한번 써 보아야겠다고 부탁했다.

5월 18일 금요일. 다시 부산으로 왔다. 이번에는 끝을 보아야 하는데…. 암비솜과 미카펀진을 투여하고 이틀째 Cr 수치를 비롯 모든 검사는 정상. 그런데 발이 붓기 시작한다. 암비솜을 점점 올리니 결국 Cr 수치가 상승하기 시작한다.

치료 10일째. 이러다가는 콩팥이 망가지겠구나 걱정되어 암비솜을 중단했다. K 수치가 2.1까지 떨어졌다. 이러다가는 심장이 정지하겠구나. 응급으로 K를 섞은 수액을 처방하여 정맥으로 빠른 속도로 투여했다. 그런데 다음 날 아침, 폐 X-ray를 찍었더니 왼쪽 폐의 약 1/3에 물이 차 버렸다. 원인이 무엇일까? 심부전이 왔단 말인가? 발도 뚱뚱 붓고 폐에 물이 찬 것을 보면 심부전이 분명해 보이는데, 아직은 고혈압도 없었고 숨도 안찼고 하여 심장기능은 멀쩡하다고 생각했는데, 하루에 수액 3000cc 정도 맞았다고 내 심장이 그것을 못 이기고 폐에 물이 찬다? 이해가 가지 않았다. 다시 문헌을 찾아보았다. 문헌에 심장의 가벼운 승모판 역류는 발견되기 어렵고 노인의 경우 심부전의 원인이 될 수 있다는 내용이 있었다. 그렇다면, 혹시 지금까지 모든 증상의 원인이 심장이 약한 것이 원인은 아니었을까?

갑자기 희망이 생겼다. 부산에서 심장수술을 할 수 있는 병원, 해운대 백병원으로 급히 전원하였다. 마침 부산에서 개업하고 있는 마취과 P에게 전화를 했더니 해운대백병원 심장내과 S 교수가 잘 아는 후배라며 연락을 취해 주어 검사를 일사천리로 진행하였다. 그런데 응급 심초음파상 승모판 역류는 없는 것으로 판정 났다. 그렇다면 원인이 무엇이란 말인가? 마지막 희망이 또 사라졌다.

곰곰 생각해 보니 1개월 전 먹은 이트라코나졸이 문제였다. 당시 곰팡이 약이라면 이것저것 거의 최대 용량으로 가리지 않고 먹었었다. 그때 이트라코나졸을 먹은 것이다. 대부분의 아졸계 약이 심장에 영향을 주지만 이트라코나졸은 복용 후 한 달이 지난 후까지도 심장근육을 약화시킬 수 있다고 되어 있었다. 요약하면 한 달 전에 먹은 이트라코나졸 때문에 심장근육이 약해진 상태라 심부전이 와서 발이 부었고 결국 수액 3000(ml)를 집어넣어 준 것을 심장이 펌프질을 못하여 폐에 물이 찬 것이었다. 입원해서 계속 TPN으로 연명하고 시간이 지나니 폐에 물도 빠지고(이뇨제도 쓰고 이트라코나졸도 몸에서 점점 빠져나갔을 테니 심장근육의 힘도 돌아왔을 것이고), 암비솜도 끊으니 콩팥기능도 점점 정상화되고…. 검사 결과는 다 좋아지는데,

그래도 먹지는 못 하였다.

    그렇다면 무엇이란 말인가? 다시 책을 찾아보았다. 현미경적 대장염이 눈에 들어온다. 혹시 현미경적 대장염이 아닐까 다시 S결장 내시경으로 생검도 했으나 아닌 것으로 판명되고, 이젠 병원에서 모든 것을 다했으니 퇴원하라고 압박을 한다. 틀림없이 담당 의료진도 짜증이 났을 것이다. 퇴원 시 모든 주사를 빼고 가라는 것을 사정사정하여 TPN을 매단 채로 퇴원하여 친구와 함께 ktx로 상경, 회사로 돌아왔다.

자살 시도

<2018년 6월 28일(목)>

　　아무리 생각해도 방법이 없었다. 고통은 계속되고 체중은 12킬로가 빠져 42킬로그램으로 줄었다. 이대로 가면 계속 설사를 하고 체중을 더욱 줄어들 것이다. 남은 방법은 단 하나, 그 길밖에는 없었다. 그것도 내가 어느 정도 힘이 있을 때 가능한 일이다. 하루속히 시행을 하자. 어떻게 죽을 것인가? 옥상에서 뛰어내리는 것은 너무 공포스러울 것 같고, 목을 매는 것 또한 고통이 심할 것 같았다. '그래! 같이 공부했던 P 원장한테 한번 부탁해 보자. P는 마취과이고 원래 강심장이었으니 내 사정을 이야기하면 어쩌면 들어줄는지도 모른다.' 마침 P가 경제적으로 어렵다는 이야기도 들었다.

　　어머니 생각이 났다. 어머니는 마지막 1~2년 동안 나에게 사정사정을 했었다. 편하게 죽여 달라고···. 아마 내가 의사이니 방법을 알 것이라 생각하신 것 같다. 나는 그 소원을 들어드리지 못했다. 그 고통을 하나도 덜어 드리지 못했다. 이제야 이해가 갔다. 어머니가 얼마나 고통스러우셨을지···. P에게 전화를 했다. '내가 현금 1억 원을 들고 가겠다. 제발 내 마지막 소원을 들어 달라!' P가 '방법을 찾아보겠다.'고 했다. 빛이 보였다. 이 고통스러운 순간을 어쩌면 끝낼 수 있을 것이라는 희망이 보였다. 그런데 기다리던 연락이 오지 않는다. 다음 날 전화했더니 나를 나무랬다. 자기는 못한다는 허망한 답과 함께….

인터넷 검색을 해 보았다. 여러 가지 방법 중 기체자살이 그나마 고통이 적은 것으로 되어 있었다. 그런데 이 방법은 약간의 수고스러움이 필요했다. ××가스도 필요하고 비닐봉지도 필요하고 호스도 필요하고 조절기도 필요했다. 준비물을 갖추어 나갔다. 문제는 ××가스를 사는 일이었다. 가스회사라고 모두 ××가스를 파는 것이 아니었다. 수소문 끝에 ××가스를 가지고 있는 곳을 찾아냈다. 그런데 카드결제가 되지 않는다고 한다. 송금을 해 달라고 하는데, 나는 내 통장에서 송금을 할 수도 없다. 우리 회사 송금은 모두 문 전무가 맡고 있다. 문 전무한테 송금을 하라고 말을 해야 하는데…. 틀림없이 눈치를 챌 것 같았다. 그때까지 죽어야되겠다는 말은 누구에게도 하지 않았다. 심지어는 부산에서 서울까지 같이 ktx를 타고 온 친구 순석이에게도 말을 못했다. 그런

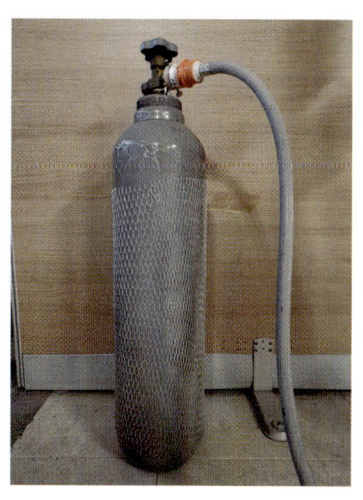

◆ 당시 준비했던 가스통을 나는 아직도 가지고 있다.

데 워낙 눈치 빠른 문 전무에게는 틀림없이 들킬 것만 같았다. 그러나 방법이 없었다. 문 전무에게 아무 말 없이 은행 계좌번호만 카톡으로 날리고 얼마를 송금하라고 명하였다. 신기하게도 곧 입금이 되었다는 연락이 왔다. 이제 가스를 찾으러 가기만 하면 된다.

폭우가 쏟아졌다. 있는 힘을 다하여 가스집까지 차를 몰고 가서

차창 문을 열지도 않고 조수석에 실어 달라고 손짓을 했다. 혹시 가스집에서 나의 해골 같은 몰골을 보고 낌새를 챌까 봐 짐짓 미소를 보이며…. 다행히 폭우가 쏟아지니 가스집 직원도 나의 얼굴을 살필 여유도 없이 조수석에 가스통을 놓고 부리나케 돌아간다. 가스통을 회사 숙소 은밀한 곳에 숨겨 두고 모든 장치를 만들고 침대에 누워 비닐봉지를 머리에 둘러쓰고 밸브를 여는 시험까지 마쳤다. 내가 없는 동안에도 회사 일은 바쁘게 돌아가 직원들 아무도 모르게 준비가 끝났다. 6시가 되어 직원들은 모두 퇴근했을 것이고 사방이 조용한 숙소에서 차근차근 여유를 가지고 빠진 것 없는지 다시 한번 확인을 했다.

밤 8시쯤 갑자기 문에서 노크 소리가 나고 이 부장이 들어왔다. 모든 것을 알고 온 것이었다. 나는 다짜고짜 혼부터 냈다. '내 고통이 얼마나 큰지 아느냐. 나는 할 만큼 했고 참을 만큼 참았다. 더 이상 고통받으며 비참한 최후를 맞기 싫으니 제발 나를 놓아 주어라!' 나의 단호함에 이 과장은 어쩔 수 없이 마지막으로 기도해 주고 싶다고 한다. 그 부탁은 들어주어야지…. 이 과장은 깡마른 내 어깨를 붙들고 눈물을 흘리며 나의 영혼을 빌어 주었다. 이 상황에서 내가 눈물을 보이면 안 된다. 실제로 눈물도 안 나왔다. 단호한 마음이 먼저였다. 기도가 끝난 후 힘없는 포옹을 한동안 하고 '잘 있으라.' 마지막 인사를 하고 내보냈다. 후에 안 일이지만 역시 문 전무는 달랐다. 아무리 바쁜 상황에서도 나의 일거수일투족을 멀리서도 촉각을 세우고 느끼고 있었던 것이었다. 그녀는 이미 모든 것을 알고 있었던 것이었다. 그러나 나의 고통을 옆에서 모두 지켜보았기에 도저히 막지 못하였다고 했다. 그래서 송금을 할 수밖에 없었다고 했다. 그래도 그날 밤 마지막으로 다시 한번 나를 막아 보려고 이 부장을 내 숙소로 보냈다고 했다.

　모든 것이 준비된 상황에서 드디어 시간이 되었다. 신경안정제를 먹었다. 소주도 마셨다. 공포를 줄이기 위해서다. 침상에 누웠다. 호스가 연결된 비닐봉지를 뒤집어쓰고 바람이 새어 나가지 않게 봉지 입구를 조이고 탱크의 밸브를 열었다. '치-익' 기체 빠져나오는 소리가 났다. 이대로 1분만 참으면 된다. 얼마나 기다렸던 순간인가?

　그런데 가슴이 뛴다. 아무런 미련이 없을 것 같았고 마음이 차분해지리라 예상을 했었는데 공포가 밀려온다. 여태까지 한 번도 느껴 보지 못한 공포. 1분만 참으면 되는데…. 공포를 줄여 주려고 먹은 신경안정제는 아무 효과가 없었다. 심장박동은 점점 빨라지고 공포는 극에 달하고…. 가스통으로부터 연결된 호스를 통하여 가스가 빠져 밀려 들어오는 소리가 귓전을 때리며 점점 커진다. 심장이 터질 것 같았다. 평생 한 번도 느껴 보지 못한 공포! 도저히 못 참겠다. 불과 30초나 지났을까? 결국 손을 뻗어 밸브를 잠그고 말았다. 금세 방 안이 고요해졌다. 간단하게 실패한 것이다. 참으로 허탈했다. 살 방법은 없고…. 그래도 참으로 우스운 것이 아까의 그 공포에서 벗어난 안도감에 마음이 조금 편해진다. 이미 밤이 늦었다. 그래도 잠은 자야 한다. 또 수면제를 먹고 누웠다.

　아침이 밝았다. 언제 그런 일이 있었느냐는 듯, 어느 정도 푹 잤는지 어지럼증이 덜하여 나쁘지 않은 기분에 몽롱한 상태로 있는데 문 전무의 노크 소리가 들렸다. 웃음이 나왔다. 결국 나는 자살을 못하는 사람이라는 것을 알았다. 그렇다면 어찌해야 하나? 답은 하나 힘이 붙어 있는 한 해결책을 찾아보고 찾아보다가 없으면 가능한 덜 고통스런 방법을 시행해 가며 자연적으로 죽기를 기다리는 것밖에는 방법이 없었다. 그런데 당장은 TPN을 해야 하고…. 그러기에 최적의 장소는 어디일까? 그래 내가 수련받았던 병원으로 가자!

서울백병원 입원

4년 동안 젊은 심장으로 뛰어 다니며 환자를 진료했던 익숙한 곳. 수십 년이 지났는데도 그동안 시설투자를 거의 안 했는지 모든 것이 그대로였다. 소화기 내과에 권위가 있고 또 내가 존경해 온 M 교수 진료를 보았다. 반가운 인사도 잠시, 나의 생각에 동의할 수 없다는 표현인지 자기로서도 해 줄 것이 없다는 표현인지 고개를 좌우로 흔드는 것이 느껴졌다. 그래도 내가 원하니 입원을 허락하고 최대한 정맥영양을 공급해 보자고 한다.

병실로 올라갔더니 간호사들 중 아직도 낯익은 얼굴들이 있었다. 그런데 늘그막에 이 몰골로 찾아온 것이 참으로 겸연쩍었다. 그러나 인간의 마지막은 너나 할 것 없이 초라하다는 자위를 하며 가장 좋은 병실을 달라고 하였다. 그런데 제일 좋다는 병실도 그렇게 안락하지는 않았다.

기본 검사를 하고 TPN을 달았다. 우선은 또 생명이 연장될 것이다. 입원 중 M 교수는 아침저녁으로 회진을 하며 나의 요구를 거의 들어주면서도 여러 가지 시도를 하려고 노력하였다. 나도 정신이 들 때면 다시 구글을 뒤져 몇 가지 시도를 또 해 보았지만 특별한 변화는 없었다. 어차피 죽을 몸, 당장 고통만이라도 줄었으면 좋겠다는 일차

원적 소망이 머릿속 가득하다가도 조금이라도 정신이 들면 좀 더 쾌적한 환경에서 있고 싶은 욕망이 일었다.

　사치스럽게도, 여기서 생의 마지막을 보내야 한다 생각하니 더 답답해졌다. 알아보니 이대 목동병원에 VIP 병실이 하나 있다고 한다. '그래. 몇 날이 될지 모르겠지만 좀 더 편한 환경에서 내 마지막을 보내자.' 생각하고 일단 백병원에서 TPN을 달고 퇴원을 해서 이대 목동병원 응급실로 갔다. 그런데 대학병원 응급실은 어디나 마찬가지다. 응급실 담당의가 사정을 듣더니 검사 후 교수 외래로 오라는 똑같은 말을 하고 귀가하란다. 할 수 없이 소화기내과 예약을 하고 다시 회사로 왔다.

　도저히 운전할 기운도 없고, 이쯤해서 마지막으로 형에게 인사도 할 겸 전화를 걸어 부탁했다. 이대 (목동)병원까지 형 차로 나를 데리고 가 달라고. 마지막 부탁은 그래도 하나밖에 없는 형에게 하는 게 낫다는 생각에서였다. 다음 날 형이 태워 주는 차를 타고 병원으로 갔다. 대기 의자에 앉아 있기도 힘든 상태에서 한 시간 이상을 기다린 후 진료실로 들어가 있는 힘을 다하여 교수에게 자초지종을 이야기하고 VIP 병실이 있다니 입원만 시켜 주시면 고맙겠다고 통사정을 했으나 교수는 전혀 들어줄 생각이 없다. 자기로서는 내 상태를 잘 알지도 못하고, 이미 이 분야 국내 최고 권위자가 해결 못했는데 자기도 해 줄 것이 없다며 그런 환자를 어떻게 입원시키느냐는 논리다.

희한한 약

　다시 회사로 돌아오는 수밖에 없었다. 돌아오는 길에 형이 '네 형수가 최근 배가 아파 응급실을 몇 번 갔는데 마지막 약을 먹고 좀 살 만하다.'는 이야기를 한다. 아티반과 올페인! 아티반은 아주 평범한 신경안정제이고, 올페인은 내가 써 본 약은 아니었지만 약전을 보니 단순히 통증을 느끼게 하는 구심신경을 무디게 하여 통증을 없애 주는 진통제이다. 이전에도 한 번 형에게 듣기는 했지만 그때는 귀 너머로 흘러보냈었다.

　그러나 지금은 상황이 다르다. 지푸라기라도 잡는 심정으로 그 약 몇 봉지만 달라고 했다. 그리고 한 봉지를 먹었다. 그런데 정말 신기하게도 약간 고통이 완화되는 느낌이 들었다. 곰팡이 약을 먹었을 때 일시적으로 편해지는 것 말고는 어떠한 약도 효과가 없었는데…. 이러한 반응은 여태껏 처음이다. 약 기운이 떨어지면 다시 고통이 시작되었지만, 그래도 이전에 비하여 증상이 조금 가볍다. 동네 의원에서 같은 약을 처방받았다. 먹을 때는 분명 조금 편해진다. 설사는 계속되었지만 극심한 통증과 극심한 어지러움은 어느 정도 경감이 되었다. 참으로 이해할 수 없는 일이었다. 그래도 어쩌겠는가? 부분적으로라도 효과가 있는 것을! 이 약이 조금이라도 듣는다는 것은 분명히 정신적인 또는 신경적인 요인이 있다는 이야기다.

그리고 또 한 가지 잘 이해가 안 되는 사실은 여태까지 몇 번의 대변 배양 검사에서 칸디다가 한 번도 안 나왔다는 것이다. 내가 칸디다를 의심하는 것은 오로지 칸디다 약을 먹으면 부분적으로 증상이 완화된다는 수차례의 경험에서 내린 결론뿐이었다. 어찌 보면 아주 위험한 결론이었던 것이다. 물론 검체를 채취할 당시 모든 곰팡이 약을 오랫동안 끊고 해야 했는데, 나는 힘들 때마다 수시로 곰팡이 약을 먹었기 때문에 검사에서 곰팡이가 자랄 수 없었고 그래서 그 결과를 믿을 수 없는 부분이 있었다.

이래서는 안 되는 것이었다. 어떻게든 정확한 원인을 찾아야 맞는 것이다. 그런데 어떤 의사도 찾을 생각을 안 하니 방법이 없었을 뿐이었다. 그래도 아티반과 올페인을 먹으면서 증상이 조금 가벼워지니 여유가 생겼다. 그렇게 몇 달을 버티다 증상이 심하지 않은 틈을 타서 모든 곰팡이 약을 거의 1개월 동안 끊고 혓바닥을 긁어 금호의원 전인석 원장의 도움으로 두 군데 검진센터에 배양 검사를 보냈다. 씨젠과 이원! 이제 약 한 달 반이면 결과가 나온다.

드디어 칸디다 배양

검체를 보낸 지 약 1개월 후 씨젠에서 나온 결과에서 드디어 곰팡이가 배양됐다. Candida famata! 그런데 내가 의사지만 처음 듣는 종이었다. 칸디다의 종류가 여러 가지라는 것은 알고 있었지만 C. albicans도 아니고 C. glabrata도 아니고 C. famata라! 과연 이것이 인간에게 병을 일으키는 곰팡이가 맞다는 말인가? 배양결과 보고서에도 이 균에 대하여는 약제 감수성을 검사할 수도 없다고 쓰여 있었다. 균을 찾았어도 무슨 약을 써야 하는지 알 수 없다는 말이다. 구글을 찾아보았다. 역시 구글에는 있었다. 면역이 떨어진 경우 이 곰팡이는 질병을 일으킬 수 있고 가장 잘 듣는 약으로는 암포테리신과 플루싸이토신의 병합요법이라고 논문에 명시되어 있었다. 그런데 암포테리신은 주사제이고 수시로 피검사를 하며 용량을 조절하며 투여해야 되는 약으로 입원을 해야만 맞을 수 있고 플루싸이토신은 2년 전 한 병을 사 놓기는 했는데 부작용이 두려워 본격적으로 복용을 못 했던 약이다. 일단 칸디다는 찾아냈고, 최선의 약제가 무엇인지도 알아냈는데 방법이 쉽지 않고 부작용도 걱정이다. 더구나 지금은 플루코나졸과 메틸렌블루 PDT 이후 컨디션이 많이 좋아졌다.

컨디션이 좋아진 틈을 타 그동안 1년 반동안 못갔던 중국지사도 다녀왔다. 감개가 무량했다. 2014년 이후 약 7년동안 힘들게 터를 닦은 중국지사를 그래도 멀쩡한 몸 멀쩡한 정신으로 다시 왔다는 것이 꿈만 같았다. 그동안 사실 나의 몸 상태를 중국담당자(임경리 : 한국말을 모르는 한족임)에게 한마디도 하지 않았다. 거의 1년동안이나 내가 죽을 지경이었다는 것을 그가 알면 틀림없이 그의 마음이 흔들렸을 것이기 때문이다. 그를 만나서 말은 잘 통하지 않지만 한동안 서로를 끌어 안았다. 그리고 그동안의 사정 이야기를 잘 못하는 중국어로 조금 비추고, 그리고는 회사를 좀 더 넓은 곳으로, 내가 중국에 있는 동안 좀 더 편한 곳을 찾아 보자고 했다. 바로 산동성 강시진에 있는 약 2천평 땅과 건물(아래 사진)을 구매하기로 계약까지 했다. 계약금을 약 1억원 주고...

◆ 당시 계약한 중국 공장

이제 중국에가도 좀더 편하게 있을 수 있다는 희망을 안고 귀국을 했는데, 곧 코로나사태가 터졌다. 잘 버터던 우리나라도 환자가 점점 늘어났다. 당연히 해외여행은 금지되고 그 이후 거의 3년 동안 중국을 못가게 되었다. 결국 계약은 흐지부지 되었고, 지내놓고 보니 어쩌면 나에게는 치료를 위한 좋은 기회가 된 것 같기도 하다. 그해 한동안 한국에 머물면서 참으로 여러가지 방법을 시도해보았다.

비교적 효과적이었던 치료방법 한가지

온나라가 매일 코로나 뉴스로 도배 되고 있었다. 그러나 사실은 나는 코로나보다 곰팡이 걱정이 더 컸다. 참으로 여러가지 방법을 시도했는데, 그중 치료 후 약 2개월 후까지 재발하지 않고 좋은 컨디션을 유지했던 한 가지 방법만을 아래에 언급한다.

2020년 5월 24일. 구강 안에 있는 칸디다를 죽이기 위하여 플루코나졸을 하루 450mg씩 복용하고 methylen blue PDT(methylen blue용액을 입안에 머금었다 뱉은 후 LED를 이용하여 청색광을 구강구석구석에 약 15분간 조사하는 것.)를 하루 5번 반복했다. 어느 정도 효과가 있었다. 그런데 치료 3일째부터 구강점막이 아파 오기 시작했다. 치료 4일째부터 파인애플을 못 씹어 먹을 정도가 되어 우유에 갈아서 마셨다. 그래도 소화기 증상과 전신증상은 좋아졌다. 그때쯤 우유도 락토프리 우유로 바꾸었다.

5월 30일. 결국 혀가 헐고 너무 아파서 치료를 더 이상 할 수가 없었다. 원래 2주 정도 지속할 계획이었으나 1주일 만에 중단할 수밖에 없었다. 치료를 중단하니 혀의 궤양이 조금씩 줄어들며 하얬던 혓바닥도 선홍색 빛이 돌았다. 전체적으로 컨디션이 좋아졌다. 치료가 된 듯하였다. 컨디션이 좋아지니 일에 속도가 붙었다.

그해 6월. Sidex 2020 전시회 부스설치도 직원들과 함께 직접하고 전시회 내내 '세계 최고의 헤드램프입니다.'를 외치며 손님을 호객했다. 갑자기 달라진 나의 모습에 직원들은 경이로운 눈초리로 쳐다본다. 마치 회춘을 한 것 같았다.

◆ 당시 전시회에서 고객에게 제품 설명을 하는 내 사진

그런데 2020년 9월부터 슬금슬금 피로감이 다시 시작되더니, 식후에 좌로 누우면 가슴이 벌렁거리고 손목에서 맥박이 빠지는 증상이 생겼다. 마포에 있는 심장 전문 내과에서 검사결과 단순한 PVC(심장기외수축)로 판명, 하루 atenolol 반 알씩 처방해 주며 지켜보자고 한다. 약은 받아 왔지만 먹지 않았다. 나는 칸디다가 원인이라 생각하고 있기 때문이었다.

10월 들어서면서 계속 컨디션이 안 좋다. 오전에 머리가 맑지 않고 피곤하여 식후에 자꾸 눕게 되었다. 이명도 시작되었다. 조짐이 안 좋았다. 불안하기도 했다. 재작년처럼 죽을 만큼 힘들지는 않았지만 결단을 내렸다. 조금이라도 컨디션이 좋을 때 승부를 걸기로 했다.

완치

다시 재준이에게 부탁을 했다. 암비솜(암포테리신) 좀 준비해 달라고!

2020년 10월 23일 또다시 부산으로 가서 재준이 병원에 입원했다. 이번 치료는 2주일간 암비솜 50mg 하루 두 번 주사하는 것과 플루싸이토신 500mg(씩) 하루 다섯 번 복용하는 것이 목표다. 익숙한 간호사들이 얼굴 좋아졌다며 반긴다. 2년 전보다 좋아진 것은 분명하다. 그래도 끝장을 보고 싶었다. 아침저녁 하루 두 번 암비솜을 맞고 하루 5번 Flucytocin 한 알을 먹었다. 그런데 치료 3일째, 10년 이상 저리던 왼쪽 옆구리 통증이 사라졌다. 약이 듣는다는 느낌이 들었다. 아무래도 이번 치료는 나의 마지막 치료가 될 것 같고 어쩌면 완치될 것도 같은 느낌도 있고 하여 나는 이 치료 과정을 녹화하여 유튜브에 올렸다.

그런데 약 일주일이 지나면서 입맛이 떨어지더니 치료 9일째 위장장애가 너무 심했다. 도무지 먹을 수가 없다. 약전에 flucytosine은 혈액학적 부작용이 많다고 써 있는데 음식을 열심히 챙겨 먹어서 그런지 혈액학적 부작용은

◆ QR코드에 카메라를 대시면 치료중 영상을 볼 수 있습니다.

별로 나타나지 않았다. 그런데 위장장애가 심했다. 고민 끝에 결국 약을 중단했다. 목표했던 2주를 채우지 못한 것이 아쉬웠지만 치료 3일째 이후 모든 증상이 사라졌기 때문에 어쩌면 이대로 완치가 되었을 수도 있고, 또 만에 하나 다시 재발하면 그때 준비를 더욱 철저히 하여 다시 한번 치료해도 될 것 같은 생각도 들었다. 그렇게 치료를 끝내고 상경을 했다. 그로부터 5년 나는 제 2의 인생을 살고 있다. 틀림없이 Candida famata는 물론 다른 곰팡이들도 제거된 것 같다.

치료 후 조금 남아 있는 장 누수로 인한 증상이 혹시 과거 구강에서 배양됐던 세균(E. coli, Klebsiella pneumonia)이 원인일 수도 있을 것 같아 이것마저 박멸해 보려고 감수성 있는 항생제를 고용량으로 복용해 보았지만 더 이상 증상의 호전은 없었다. 그럼에도 불구하고 시간이 지나면서 컨디션이 조금씩 더 좋아졌다. 치료 후 2개월째. 30년 이상 손을 놓았던 기타를 사서 치기 시작했고, 치료 후 3개월째는 드럼을 샀다. 지금은 아티반과 올페인, 그리고 몇가지 항노화 약제들(NMN, Resveratrol, Fisetin, TA-65 등)만 복용하며 내 인생 중 최고의 컨디션을 유지하고 있다.

◆ QR코드에 카메라를 대시면 드럼치는 영상을 볼 수 있습니다.

내가 치료를 하는 과정에 있어 참으로 많은 사람의 도움이 있었는데 그중에서도 결정적인 세 사람이 있다. 내가 원할 때마다 입원을 허락해 주고 내가 원하는 모든 약을 구해 주고 나의 오더대로 치료를 하도록 허락해 준 이재준 원장과 전인석 원장. 그리고 나의 치아를 모두 빼 준 엄기종 원장님(치과)이다. 그분들에게 무한한 감사를 올린다.

아울러 나의 이 치료 경험은 앞으로 동료 및 후배 의사들에게 하나의 중요한 시사점을 줄 것이다. 관심 있는 의사들에게는 곰팡이 치료에 하나의 중요한 선례가 될 것이 틀림없다.

5 부

20대 대통령출마 선언

2020년 10월. 칸디다 감염이 완치되고, 악기도 연주하고 등산도 해보았다. 피곤하지가 않다. 완전히 새로운 세상이다. 내 평생 이러한 건강상태를 경험해본 적이 없다. 당연히 일에도 속도가 붙었다. 머릿속에만 있던 아이디어들이 마구 튀어나와 그동안 미진했던 제품을 업그레이드 하고 신제품 개발에도 속도가 붙었다. 그리고 모처럼 세상 돌아가는 일에도 다시 관심이 갔다.

우리나라는 여전히 위기가 반복되고 있다. 박근혜 대통령이 탄핵되고 당선된 문재인 대통령 역시 실수 연발이다. 거기다 코로나까지 극성이다. 위기에는 영웅이 필요한데, 우리에겐 영웅이 없다. 당연히 나라가 어지럽다.

나는 마치 민주주의의 기본 원리처럼 되어 버린 정당정치를 대신하는 새로운 대안이 필요하다고 생각한다. 모든 정치자금 지원이 정당에만 집중이 되는 이런 구조 속에서는 패거리 정치, 철새 정치, 보은 정치의 틀을 벗어날 수 없다. 이제 적어도 대통령은 무소속이 되어야 한다. 정당의 이익이 아닌 오로지 국민만을 의지하고 국민 속에서 나오는 국민 소속, 무소속 대통령이 필요하다. 설사 정당을 업고 나왔다 해도 대통령이 되는 순간 탈당을 해야 한다. 이를 위한 제도적 개혁이 필요하다. 이러한 일을 누가 할 수 있을까? 기존 정치판에서 이러한 일이 가능할까? 단언컨대 이것은 불가능하다.

2021년 7월. 나는 다시 한번 칼을 뺐다. 우리나라의 이러한 잘못된 정치 시스템을 개혁하여 우리나라 정치 수준을 한 단계 높이고, 또 핵무기를 만들어 남북통일에 기여해야 하겠다는 생각으로, 대통령 출마를 결정했다.

다음은 2021년 7월 12일 20대 대통령선거를 240일 앞둔 시점에 중앙선거관리 위원회에 예비후보 등록을 하고 그 앞에서 낭독한 출마 선언문이다.

대통령 출마 선언문

안녕하십니까?

저는 대통령에 출마한 김기천입니다.

저는 과학자가 되는 것이 꿈이었습니다. 그런데 몸이 약해서 의사가 되었습니다. 그 후 제 몸 상태가 좋아지고 건강에 자신이 붙어 의업을 접고 제조업을 창업했습니다. 그런데 사업이 성공가도를 달리던 2014년 4월 16일, 세월호 사건이 터졌습니다. 대한민국 역사 이래 가장 어이없는 사건! 이렇게 과학기술이 발전된 대한민국에서 벌건 대낮에 5천만 명이 눈을 부릅뜨고 있는 상황에서 수백 명의 학생을 수장시켜 버린, 이 땅의 어른으로서 가장 창피했던 순간!

저는 그때 자연과학을 모르는 리더십의 위태로움을 절절히 느꼈습니다. 그리고 내린 결론 '첨단과학이 지배하는 지금 자연과학을 모르는 지도자는 절대 안 된다!'라는 생각과 함께 대통령이 된다는 것이 어떤 것인지를 생각해 보았었습니다. 그러나 사업이 커지면서 건강이 악화되고 모든 수를 다 썼음에도 불구하고 죽음만을 기다리는 상황이 되었습니다. 고통이 너무 심하여 결국 자살을 시도했습니다. 그러나 다행히 천우신조로 그 시도가 실패하고 다시 한번 나의 모든 힘을 모아 치료법을 찾아 스스로 완치를 하였습니다.

저는 세계 최초로 분산광원 헤드램프를 발명하였고, 이후 개발한 몇 개의 제품이 모두 세계 최고의 성능을 인정받으며 성공가도를 달리고 있어 제가 세상에 태어난 일차적인 목표는 달성했다고 생각합니다. 그래서 당장 죽더라도 여한이 없습니다. 이후의 삶은 저에게는 덤입니다. 큰 욕심이 없다는 이야기입니다. 세계 최고의 제품을 만들어 성공했고, 거기다 죽어 가는 내 목숨을 오로지 내 능력으로 살려 놓았으니 어느 누가 이런 일을 할 수 있었겠습니까?

한마디로 저는 세상에서 두려울 것이 없습니다. 이러한 자신감을 바탕으로 대한민국의 안전과 민족의 숙원인 통일을 이루어야겠다는 생각을 하게 되었습니다. 이를 위해서는 무엇보다 핵무기가 필요하고, 이제까지 제품개발을 하며 갈고닦은 저의 세계 최고의 설계능력은 틀림없이 최단기간 내에 핵무기를 만드는 데 도움이 될 것입니다.

핵이 없이 우리는 통일을 논할 수 없습니다. 애당초 남북으로 갈라진 것이 우리 뜻이 아니었듯이 지금도 미국, 일본, 중국, 러시아 어느 나라도 우리의 통일을 바라지 않습니다. 이런 상황에서 상식적인 머리로 상식적인 접근을 해서는 절대로 통일은 불가능합니다. 가능한 방법은 외세의 간섭 없이 남과 북이 진심을 갖고 머리를 맞대고 대화를 통하여 통일을 논의하는 것입니다.

그러나 北은 핵이 있고 南은 핵이 없는 상태에서 서로 대등한, 건설적인 대화는 불가능합니다. 저토록 궁핍한 북한의 어린 지도자 남매가 아버지뻘도 넘는 대한민국의 대통령에게 차마 입에 담기도 역겨운 막말로 욕을 해댈 수 있는 것은 저들이 핵을 가지고 있기 때문입니다. 그러한 말을 듣고도 말대꾸 한마디 못하는 것은 대통령의 찌질함이 원인일 수도 있겠으나 우리가 핵이 없음이 더 큰 원인입니다. 이 상태에서 우리가 아무리 저들에게 경제적 지원을 한다 해도 콧방귀도 안 뀔 수 있고 설령 그 지원 받아도 진정으로 고마워하지 않을 수도 있습니다. 핵이 무서워 어쩔 수 없이 주는 뇌물 정도로 오해할 수 있다는 이야기입니다.

문제는 핵무기를 만듦에 있어 적어도 미국의 동의를 이끌어 내야 한다는 점인데.... 말라카해협 하나만 막아도 우리는 당장 손을 들 수밖에 없는 것이 우리의 한계이기 때문입니다. 우리가 쓰는 모든 석유가 말라카해협을 통과하기 때문입니다. 이 점이 인도와 파키스탄이 우리와 다른 점입니다. 그러나 지금 국제정세는 누구도 예측하기 힘들 정도로 긴박하게 돌아가고 있습니다. 세계 제1의 강대국 미국의 힘이 예전 같지 않습니다. 떠오르는 중국의 힘을 혼자 찍어 누를 수 있는 그런 미국이 아닙니다. 이러한 변화는 우리에게 다시 오기 힘든 절호의 기회입니다. 이러한 국제정세 속에서 어떻게든 최대한 빨리 핵무기를 만들어 놓고 미국의 동의를 얻어 내야 합니다. 어느 정도의 손해는 감수해야 하지만, 우리의 힘도 예전처럼 약하지만은 않고, 또 지도자의 능력에 따라서는 그 피해를 최소화할 수 있습니다.

어떤 이는 南과 北이 지금처럼 분단된 상태로 그대로 있는 편이 낫다는 생각을 할 수도 있을 것입니다. 참으로 한가한 생각입니다. 북한 정권은 언제 무너져도 이상하지 않은 위태로운 정권입니다. 별것 아닌 것 같아도 김정은이 그래도 버티고 있으니 이 상황이 유지가 되고 있는 것입니다. 북한 정권의 붕괴가 시작되면 참으로 어려운 상황이 닥칩니다. 무정부 상태의 그 혼란을 극복하는 것도 쉽지 않을 뿐 아니라, 압록강 너머 호시탐탐 군침을 흘리고 있는 중국을 상대하여 우리가 완벽한 승리를 거두는 것이 가능할까요? 최악의 경우 북한을 중국이 점령해서 우리가 휴전선에서 중국과 마주하고 있는 상상을 해 보면 그야말로 끔찍합니다. 틀림없이 우리는 우리의 자존을 버려야 할 것입니다.

우리는 지금 오천 년 역사에서 중요한 변곡점을 지나고 있습니다. 이를 위하여 저는 어쩔 수 없이 제 개인적인 손해를 감수하고 대통령 출마를 결심하였습니다. 저만을 생각하면 저는 지금이 제일 행복하고 편합니다. 새로운 아이디어가 샘솟고, 만드는 제품마다 히트치고, 건강도 좋아졌고, '더도 말고 덜도 말고 지금만 같아라.'의 상황입니다. 그러나 조금만 눈을 돌리면 맹수가 우글거리는 한가운데 손바닥만 한 대한민국이 너무나 위태로워 보입니다. 이러한 위태로움 속에 정신 못 차리고 허둥대는 우리의 정치판을 보면 한심하기 짝이 없습니다. 우리는 임기를 마친 거의 모든 대통령이 감옥으로 가는 것이 당연한 듯 되어 버린 정당정치의 한계를 수십 년 동안 목도해 왔습니다. 치명적인 잘못을 저지르고도 이리저리 옮겨 다니며 간판만 바꿔 다는 그들만의 리그를 이제는 끝내야 합니다. 6.25의 잿더미에서 70년 만에, 국민소

득 3만 불을 넘기고 세계 10대 강국을 만든 영특한 국민에게, 지도자 복은 지지리도 없었습니다. 이제는 진보도 아니고 보수도 아닌, 당원의 이익이 아니고 그야말로 국민만을 위한 국민 소속 무소속 대통령이 나와야 할 시점입니다.

의사를 하다 의업을 접고 1인 창업을 하여 세계 최고의 제품을 만드는 제조업으로 성공하였고, 죽음의 문턱까지 갔던 제 몸을 완치한 그 능력, 그 자신감으로 저는 대통령 출마를 선언합니다. 저의 칼은 이미 칼집을 떠났습니다. 내 몸속에 남아 있는 모든 능력을 모아 나의 조국 대한민국의 안위와 발전 그리고 통일을 위하여 사심 없이 나아갈 것입니다. 욕심이 없는 것만큼 성공확률이 높은 것은 없습니다!

선거는 민주주의의 꽃입니다.

국민의 축제가 되어야 합니다.

저는 이번 대통령 선거에 기타와 드럼을 싣고 전국 방방곡곡을 다니며 국민 여러분께 인사를 드리겠습니다. 신명 나는 축제를 만들어 보겠습니다.

국민 여러분의 냉철한 판단과 성원을 부탁드립니다!

우리는 할 수 있습니다!

감사합니다!

8개월간의 선거운동

2021년 6월 서울 금천구 서부간선도로 옆 내 건물 6층에 선거캠프를 차렸다. 선거사무장 1명 사무원 4명으로 조촐한 인원이다. 30년 만에 기타도 사고 드럼도 사서 6개월째 맹연습도 했다. 5년 전, 박근혜 대통령이 탄핵 되던 그때, 첫 번째 대선출마를 했었는데 그때는 사무장 1인, 수행비서 1인으로 1개월 반을 했었다. 그에 비하면 많이 발전한 것이다.

　　대통령예비후보로서 어깨띠를 두르고 맨처음 유세를 한 곳은 청계광장, 기타를 치며 이용복의 '줄리아'를 부르고 출마선언문을 목청껏 외쳤지만 지나가는 어느 누구도 관심을 보이지 않는다. 그래도 뜨거운 7월의 뙤약볕아래 사무원들과 함께 주변을 산책하는 행인들에게 최선을 다하여 명함을 나누어주었다.

　　이후 경동시장, 도봉산, 강릉, 을왕리, 행담도를 돌며 버스킹을 하고 또 연설을 하였다. 하루종일 형광등 불빛 아래 컴퓨터앞에서 일만 하던 내가 난생처음 벌건 대낮 태양 빛 아래 전국을 돌며 기타와 드럼을 치고 다니니 오랜만에 여행 다니는 기분도 나고 신바람도 났다. 현장에 있던 상당수의 국민들도 대부분 동의와 격려를 해 주었다. 그러나 그것은 찻잔 속의 물결일 뿐, 메이저 언론에서는 전혀 조명을 하지 않는다. 유튜브에 김기천TV개설하여 나의 활동을 계속 올렸지만, 조회 수가 늘지 않는다. 이러는 동안에도 언론은 연일 이재명, 안철수, 이낙연, 홍준표, 심상정의 이름을 거론하는 여론조사 결과를 앵무새처럼 반복하고 있다.

선거운동 시작한 지 한달 여를 지난 시점, 이래서는 8개월을 죽자사자 나돌아다녀도 기껏 만날 수 있는 유권자수가 만명을 넘기기도 힘들겠다는 계산이 나온다. 5천만중에 1만명! 애당초 게임이 안되는 것이었다. 아! 대통령은 언론이 만드는구나 그때서야 깨달았다. 그들은 하루가 멀다하고 기성정치인을 대상으로 한 여론조사 결과를 지속적으로 지껄여 댄다. 마치 대통령에 출마한 사람이 그 사람들밖에 없고 대한민국 국민들은 그 사람 중 하나를 선택해야한다고 윽박지르듯이… 이런 상황에서 이전에 메이저 언론에 등장하지 않았던 사람이 대통령 선거에 나선다는 것은 애시당초 가능성이 없는 짓을 하는 것이었다. 그가 아무리 능력이 뛰어나고 언변이 좋아도 그건 마찬가지다.

이러한 비합리적 상황이 어디서부터 잘못되었는지를 찬찬히 고민해보았다. 법조문까지 들춰가며 공부하여 내린 결론은 이러한 여론조사를 허용하고 발표하도록 하는 선거관리위원회 여론조사심의위원회가 제 역할을 하지 않고 있는 것이 문제였다. 이를 해결하기 위하여 먼저 중앙선거관리위원회를 형사고소하기로 했다. 이러한 불공정한 여론조사결과가 국민의 눈을 흐리게하고, 예비후보로 출마한 사람들의 권익을 해친다는 취지로 소장을 써서 서울지방검찰청에 선관위 여론조사심의위원회를 형사고소하였다. 결과는 기각! 선관위에 이의신청도 하였다. 아래는 그들의 답변내용이다. 말도 안되는 답변이다.

한편으로는 이렇게 엉터리 내용으로 여론조사를 하는 여론조사기관에 항의도 했다. 그들의 한결같은 대답은 자기들도 잘못하면 선관위로부터 징계를 받기 때문에 기존 관행대로 해야지 문구를 임의로 바꾸기 어렵다는 답이다. 결국 나는 지인이었던 황미옥변호사와 상의를 한 후 중앙선거관리위원회가 헌법기관인 점을 고려하여 헌법재판소에 다시 헌법소원을 하기에 이른다.

이런 과정에서 나의 선거 운동 방향은, 이러한 잘못된 여론조사의 문제점을 국민들께 알리는 쪽으로 바뀌었다. 선거운동이 아니라 1인 시위하는 것으로 방향을 틀었다. 먼저 서울의 중심부 광화문에서 현수막을 걸고 드럼을 두드렸다. 간혹 지나가는 사람이 관심을 보였지만 대부분은 지나친다.

언론사 관심을 끌기 위해 장소를 여의도 KBS앞으로 옮겼다. 드럼을 두드렸다. 여의도 공원을 산책하는 사람들 중에 박수 소리가 간간이 들렸만 그래도 언론은 꿈쩍도 하지 않는다. 길렀던 수염을 깎고, 머리를 삭발하고, 겨드랑이 털과 음모를 제거하는 퍼포먼스도 했지만 반응이 없다. 그들은 여전히 윤석열과 이재명만 노래를 부른다.

여기서 잠시 윤석열이 대선후보가 되는 과정을 살펴보면, 문재인 정권의 실정에 민심이 점점 악화될 즈음 조국사태가 터진다. 리더십에 치명타를 입은 문재인은 이 난국을 만회하고자 윤석열을 검찰총

장에 임명하였다. 윤총장을 임명했으면 당당하게 그의 수사를 기다리면 될 것을, 무엇이 불안했던지 그를 견제하기 위하여 추미애씨를 법무부 장관으로 임명하는 악수를 두고 만다. 추장관은 결국 윤총장을 직무 정지시키고, 윤총장은 결국 자신을 발탁한 문대통령을 배신하고 국힘당에 입당을 했다. 이 상황을 냉정히 보면, 아무리 정치욕심이 있기로서니 자기를 키워준 당의 반대당으로 가서 입당하고 대선후보까지 되는 것은 명백히 배신이다. 이런 복잡한 상황에서 국민들은 오로지 5년동안 실정을 계속한 민주당만 아니면 된다는 생각 하나로, 주군을 배신한 윤석열을 오히려 권력으로부터 피해를 본 희생양으로 미화하여 그를 대선후보로 만드는 우를 범한다. 여기에는 물론 명태균의 잘못된 여론조사가 한몫했다.

결국 민주당은 이재명, 국힘당은 윤석열이 대통령 후보가 되었다. 어처구니가 없었다. 아무리 살기 바빠 판단할 시간이 없어도 그렇지

배신자와 범죄자가 제1, 제2당의 대통령후보가 된다는 이 상황을 나는 받아들일 수 없었다. 배신자 윤석열 범죄자 이재명이 제 1당과 제 2당의 대통령후보가 되는 한심한 대한민국! 다른 사람은 투명인간이다. 나는 서부간선도로 옆 선거사무실 건물 전면에 대형 현수막을 걸었다.

해가 바뀌었다. 그러나 언론은 변하지 않는다. 6개월동안 전국을 돌며 유세와 시위를 했음에도 세상은 꿈쩍도 하지 않는다. 그러는 도중 일말의 희망을 갖고 기다리던 헌법소원도 각하 결정이 내려졌다. 다음은 헌법재판소의 각하결정문이다.

결 정

사　　　건	2021헌마1368　전국 대통령 선거 여론조사결과 등 공개 행위 위헌확인
청　구　인	김기천 서울 구로구 고척로 49, 202동 1602호(오류동, 동부골든아파트) 대리인 변호사 황미옥
피 청 구 인	중앙선거여론조사심의위원회
결　정　일	2021. 12. 1.

주 문

이 사건 심판청구를 각하한다.

이 유

1. 사건개요

　청구인은 2022년 3월에 실시될 대한민국 제20대 대통령선거에서 후보자가 되고자 2021. 7. 12. 중앙선거관리위원회에 예비후보자 등록신청을 하고 후보자 기탁금액의 100분의 20에 해당하는 금액을 납부함으로써 예비후보자로 등록된 사람이다.

예비후보자 등록 이후 조사의뢰자의 의뢰를 받은 여론조사기관들은 전국 대통령선거 정당지지도를 조사함과 더불어 대통령선거 후보적합도를 조사하면서 유권자들에게 선호하는 제20대 대통령 선거의 후보자에 대한 조사까지 진행하였다. 피청구인은 각 여론조사결과를 피청구인의 홈페이지 여론조사결과 현황 게시판에 2021년 8월 16일, 같은 해 9월 8일 및 26일에 각 게재하여 공표하였다.

그러나 위 여론조사에서 청구인은 예비후보자임에도 불구하고 여론조사 질문에 언급되지 못하였는바, 청구인은 피청구인이 위 여론조사 결과를 홈페이지에 공표한 행위가 청구인의 평등권, 공무담임권 등을 침해한다고 주장하며 2021. 11. 8. 이 사건 헌법소원심판을 청구하였다.

2. 판단

가. 공권력의 행사에 해당하는지 여부

헌법재판소법 제68조 제1항은 "공권력의 행사 또는 불행사"로 인하여 기본권을 침해받은 자가 헌법소원을 청구할 수 있도록 하여 헌법소원의 대상을 공권력작용에 한정하고 있다. 공권력작용이라 함은 국가기관·공공단체 등의 고권적 작용을 의미한다. 이 사건의 경우 심판대상, 즉 피청구인이 각종 여론조사결과를 중앙선거여론조사심의위원회의 홈페이지에 등록한 행위가 헌법소원의 대상이 되는 공권력에 행사에 해당하는지 여부가 문제된다.

살피건대, 공직선거법에 따르면 선거여론조사기관은 선거에 관한 여론조사 결과를 공표·발표하려는 때 그 결과의 공표·보도 전에 해당 여론조사를 실시한 전체 질문지, 결과분석 등 선거여론조사기준으로 정한 사항을 피청구인의 홈페이지에 등록하여야 하여야 한다(공직선거법 제108조 제7항, 선거여론조사기준 제12조). 피청구인의 홈페이지에 등록한 여론조사결과 등을 사후적으로 홈페이지에 노출되지 않도록 하는 등의 조치를 취하는 것으로 보인다.

비록 청구인은 이 사건 헌법소원 사건에서 피청구인이 선거여론조사결과를 그 홈페이지에 공개한 행위를 다투고 있는 것으로 보이나, 만일 이를 피청구인이 특정한 선거여론조사결과를 그 홈페이지에 노출되지 않도록 하는 조치를 하지 않은 부작위를 다투는 취지라고 선해한다면, 이와 같은 부작위를 헌법소원의 대상이 되는 '공권력의 불행사'로 볼 수 있는지 여부가 문제될 수 있다.

공권력의 불행사 내지 행정권력의 부작위에 대한 헌법소원은 공권력의 주체에게 헌법에서 유래하는 작위의무가 구체적으로 규정되어 이에 의거하여 기본권의 주체가 그 공권력의 행사를 청구할 수 있음에도 공권력의 주체가 그 의무를 해태하는 경우에 한하여 허용되고 이러한 작위의무가 인정되지 않는 경우의 헌법소원은 부적법한 청구가 되므로, 공권력의 부작위 때문에 피해를 입었다는 단순한 일반적인 주장만으로는 헌법소원으로 부적법하다(헌재 1991. 9. 16. 89헌마163 참조). 그런데 중앙선거여론조사심의위원회가 선거에 관한 여론조사가 이 법 또는 선거여론조사기준을 위반하였는지 여부를 확인하여 만일 위반 내용이 있을 경우 그 홈페이지에 등록된 선거여론조사결과 등이 노출되지 않도록 할 작위의무는 헌법상 명문으로 규정되어 있지 않고, 헌법 해석상 도출되지도 않는다. 따라서 청구인이 다투는 피청구인의 부작위는 헌법소원의 대상이 되는 공권력의 불행사에 해당하지 않는다.

다. 소결

이상과 같이 청구인이 다투는 피청구인의 작위 내지 부작위는 헌법소원의 대상이 되는 공권력의 행사 내지 불행사에 해당하지 않는다.

은 이를 홈페이지에 등록 처리하고 선거에 관한 여론조사가 공직선거법 또는 선거여론조사기준을 위반하였는지 여부에 대하여 심의·조치할 뿐이다(공직선거법 제8조의8 제7항). 위와 같은 공직선거법상 피청구인의 직무내용 등에 비추어 보면, 청구인이 주장하는 전국 대통령 선거 여론조사결과 등 공개 행위는 선거여론조사기관이 할 뿐이고, 피청구인의 홈페이지에 각종 여론조사결과가 등록되는 것은 선거여론조사기관의 공직선거법 제108조 제7항에 따른 등록행위로 인한 결과일 뿐이다. 피청구인의 홈페이지 중 '여론조사결과현황'에도 "아래 여론조사 결과는 공직선거법 및 선거여론조사기준에 따라 등록된 것으로서 선거여론조사심의위원회에서 사전에 검증한 자료가 아니며, 이의신청 또는 모니터링결과 법이나 기준에 위반된 사안이 발견되면 관련 규정에 따라 처벌될 수 있음을 알려드립니다."라고 안내되어 있어, 위와 같은 조사결과현황의 등록이 피청구인의 행위로 인한 것이 아니라는 취지로 안내되어 있다.

이와 같은 점을 고려하면, 전국 대통령 선거 여론조사 결과, 대통령선거 후보 적합도 여론조사 결과 등을 공개행위는 피청구인의 행위라고 보기 어려우므로, 헌법소원의 대상이 되는 공권력의 행사라고 보기 어렵다.

나. 공권력의 불행사에 해당하는지 여부

앞서 살펴본 것처럼 피청구인은 선거여론조사기관이 선거에 관한 여론조사 결과를 공표·발표하기에 앞서 선거여론조사기준으로 정한 사항을 피청구인의 홈페이지에 등록할 경우 이를 홈페이지에 등록 처리하고 선거에 관한 여론조사가 공직선거법 또는 선거여론조사기준을 위반하였는지 여부에 대하여 심의·조치한다(공직선거법 제8조의8 제7항). 이에 따라 피청구인은 만일 선거에 관한 여론조사가 공직선거법이나 선거여론조사기준을 위반한 것으로 판단될 경우 선거여론조사기관이 피청구인

3. 결론

그렇다면 이 사건 심판청구는 부적법하므로 이를 각하하기로 하여, 관여 재판관 전원의 일치된 의견으로 주문과 같이 결정한다.

재판장　재판관　이선애　이　　선　　애

　　　　재판관　이종석　이　　종　　석

　　　　재판관　문형배　문　　형　　배

결정문을 보니 한숨이 나온다. 헌법재판관들의 수준이 이것 밖에 안되는 구나 싶었다. 투표일까지 앞으로 1개월 반, 곧 본 후보 등록을 할 것인지 여기서 포기할 것인지 결정해야 한다. 본 후보에 등록하려면 추가로 2억 4천만원을 내야하고 전국에 현수막을 걸고 공약집을 배포하는데까지 적어도 20억 이상은 소요될 것 같다. 지지율 1%만 된다해도 뭔가 한번 해보련만 언론은 여전히 윤석열, 이재명, 홍준표 등만 떠들어댄다. 결국 나의 이 모든 노력은 결실을 보지 못했고, 엉터리 여론조사가 만든 엉터리 대통령선거의 강고한 벽만을 느끼고 2021년 1월 20대 대통령예비후보 사퇴를 하였다.

회사 복귀

7개월을 비운 회사는 다행히 직원들의 노력으로 잘 굴러가고 있었다. 그러나 내 앞에는 오로지 내가 처리할 수밖에 없는 일들이 산더미처럼 쌓여 있다. 그 일을 처리하고 미뤄 놓았던 세계 최초 굴절형 이중배율루페 개발을 끝마치는데 꼬박 1년 반이 걸렸다. 그 1년 반 동안 해외 전시회 한 번도 못 나가고 사무실에서 일만 했다. 아래 사진이 그때 개발 완료된 제품 사진이다.

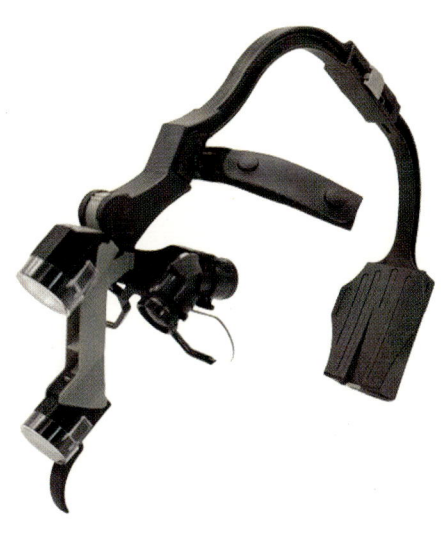

이 제품을 개발해놓고 막상 내가 써보고는 '이건 사람이 만든 제품이 아니다'라는 생각이 들었다. 내가 만들었지만 정말 기가 막힌 제품이었다. 그리고 2022년 가을, 업무 복귀 후 처음으로 미국 필라델피아에서 열린 이비인후과 전시회를 참석했다. 이후 뉴욕, 심천, 두바이, 베를린, 도꾜, 상하이, 시카고, 마이애미 등 1년에 10차례이상 많은 전시회를 다니며 제품을 홍보하고 있다. 가는 곳마다 우리 고객들의 열광적 환영과 감사의 인사를 받는다. 이 맛에 일년삼백육십오일 힘든 줄 모르고 일한다.

아래 사진은 일본 여자 치과의사들이 단체로 우리 제품을 사용한다며 드디어 제품을 발명한 사람을 만나게 되었다며 사진찍기를 요청하여 찍은 기념사진이다. 내가 만든 제품에 감동하는 그들에게 감사할 따름이다.

6 부

반복되는

대한민국의

위기

지도자가 없다

정치권은 항상 시끄럽다. 어느 정도 예상은 했지만 이 정권의 헛발질은 좀 심했다. 그래도 적어도 정상적 선거에 의하여 당선되었으니 어떻게든 임기는 채우지 않겠느냐 생각하며 사업에 몰두하고 있었는데 상황은 날로 악화 일로다. 强壯 밑에 弱卒 없고, 弱將 밑에 强卒 없다. 회사는 사장만큼 큰다. 나라도 마찬가지다. 세종대왕이란 명군이 있었기에 한민족이 그 독자성을 잃지 않고 있는 것이고, 몇가지 잘못한 점이 있지만 '박정희'라는 인물 때문에 우리는 근대화를 이룰 수 있었다. 나라가 혼란스러운 것은 무조건 지도자 책임이다. 지도자가 지도력이 없거나 욕심을 부리기 때문이다.

졸속의 극치 의대증원

　윤정권 2년 9개월, 별반 한 것도 없지만 하는 짓마다 惡手를 둔다. 그러한 악수를 만회하려는 듯 2024년 2월 갑자기 의대정원 2000명을 증원하겠다고 발표한다. 2024년 현재 의대정원이 3000명 정도로 알고 있는데 당장 내년부터 2000명을 더 뽑는다는 이야기다. 1.5배가 누구네 집 개 이름도 아니고, 빼곡한 강의실에서 9시부터 저녁 6시 10분까지 꼬박 8시간 강의를 듣고, 해부실습이나 미생물 실습을 할 때면 밤 12시를 넘기며 까지 실험실에서 씨름을 해야 하는 살인적인 스케줄을 견뎌야 하는 것이 의대인데, 그러고도 의대 졸업후 처방전 하나를 제대로 쓸 능력이 안되어 인턴과 레지던트 수련을 받고, 경우에 따라 전임의까지 마친 후에야 환자를 제대로 볼 엄두가 나는 직업이 의사인데, 그 의대생을 단번에 1.5배를 늘린다고? 그런 무리수를 내놓고 전혀 물러설 기미도 없다. 무식하면 용감한 것이다. 결국 완벽하지는 않지만 그래도 세계에서 가장 경제적이고 효율적인 최상의 의료시스템이라 인정받던 대한민국 의료를 단번에 뭉개버린다. 구축하는 것은 어렵지만 망가뜨리는 것은 순식간이다. 틀림없이 이번에 망가진 의료시스템을 회복시키기 위해서는 엄청난 댓가를 치러야 할 것이다.

계엄령 발동

2024년 12월 3일.

드디어 윤석열이 결정적인 잘못을 저지르고 만다. 나는 그때 뉴욕에서 치과전시회 참석중이었다. 한창 손님을 응대하고 있는데 갑자기 휴대폰 알람이 울려 보았더니, 값을 많이 내려 주문해 놓고 사질 것을 기대도 하지 않고 있던 코인이 매수 체결됐다는 메시지가 뜬금없이 떴다. '참 괴이한 일이다'라고 생각하고 짐짓 미소를 숨기고 상담을 계속하고 있는데, 바로 한국에 있는 직원으로부터 '비상계엄이 내려졌다'는 전화가 왔다. '계엄'이란 기억 속에만 있던 말을 듣는 순간 짐짓 "이 무슨 코미디야!"라는 생각이 머리를 스쳤고 "말도 안 되는 짓이다. 분명히 3일 천하가 될 것이다"라며 걱정하지 말라고 안심시켰던 기억이 난다. 단언컨대 민주화가 고도로 진전된 대한민국에서 전쟁도 아닌 내부적 요인으로 비상계엄을 선포하고 또 그 비상계엄이 성공하는 일은 없을 것이라 확신한다. 머리 좋은 지도자라 해도 그건 힘든 일이다. 하물며 지지율 10%대, 좋지 않은 머리의 윤석열 일당이 즉흥적으로 발령한 계엄은 유치한 애들 장난이 될 수밖에 없다. 그렇다해도 대통령은 대통령! 위험한 순간이었다는 것은 분명하다. 다행히 국회가 바로 작동하여 계엄해제 결의를 했고, 피해가 최소화 될 수 있었던 것은 참으로 다행이다. 이번에 국회가 제 역할을 톡톡히 해 낸 것이다. 대통령도 하나의 인간이고 궁지에 몰리다 보니 어떤 수단을 써서라도 위기탈출 해보려고 최후의 발악을 했을 것이란 점에서 안쓰러운 부분도 있지만, 대통령이라는 자리는 최고 지도자의 자리로 무엇이든 함부로 결정해서는 안 되는, 아주 어려운 자리다. 자신 없으면 달려들지 말아야 한다. 나는 그 지엄한 자리에서 국민을 상대로 이런 심각하게 불의한 짓을 저지른 것은 당연히 내란죄로 판단하고 처리해야 한다고 생각한다.

대통령이 되면 불행해지는 나라

결국 국회에서 윤석열을 탄핵소추 했고, 이어 한덕수 총리도 탄핵소추 되었다. 부총리가 행정부수장이 되는 전무후무한 일이 벌어졌다. 정국의 불안이 극을 향해 달리는 모양새다.

그런데 따지고 보면 우리에게 위기는 이번만이 아니다. 모든 정권이 위기를 맞았다. 민주화 이후도 마찬가지였다. 1992년 문민정부 이후 우리는 7명의 대통령이 있었다. 김영삼, 김대중, 노무현, 이명박, 박근혜, 문재인, 윤석열. 그 중 김영삼과 김대중 대통령의 경우는 좀 특별한 분들이니 예외로 치면 무려 5명의 대통령 중 4명이 불행한 결말로 끝이 났다. 자살, 징역, 탄핵! 이 무슨 해괴망측한 일인가? 대통령만 됐다하면 불행해지는 나라! 나는 예언할 수 있다. 이번에 윤석열이 탄핵되고 이재명이 대통령이 되면 또다시 불행한 대통령이 될 가능성이 매우 높다는 것을!

정권이 바뀌어도 위기는 계속된다
- 여론조사가 문제

민주화가 고도로 발달한 것 같은 대한민국에서 왜 이러한 일이 계속되는 것일까? 그동안 정권교체도 여러 번 했지만 결과는 마찬가지였다. 원인이 무엇일까? 그것은 정권은 바뀌어도 정치가 바뀌지 않기 때문이다. 구체적으로 말해 정치가 바뀔 수 없는 선거제도가 문제다. 지금의 선거제도는 기득권 정치 세력들에게 절대적으로 유리한 제도이다. 이렇게 자기들에게 유리한 제도를 기득권 세력들은 절대 바꾸려 하지 않는다. 그 선거제도에서 자격미달의 대통령이 계속 당선되는 것이다. 가장 치명적인 문제가 바로 선거에서 시행되는 잘못된 여론조사시스템이다. 우리는 얼핏 대통령을 국민이 직접 뽑는다고 착각하고 있다. 천만의 말씀이다. 나는 여론조사가 대통령을 만든다고 단언한다. 불공정한 여론조사가 엉터리 대통령후보를 만들고 국민들은 그 엉터리 후보들만 있는 줄 알고 그들 중 하나를 선택하는 것이다. 그중에서도 이번 명태균이의 윤석열 대상 여론조사는 비리의 극을 달린다. 윤석열 대통령은 명태균이 만든 것이다. 명태균이 한 불법여론조사를 기반으로 윤석열이 국힘당 대선후보가 되었고 이를 기반으로 이재명에 신승을 한 것이다. 명태균의 경우가 극단적인 예이기는 하지만 우리나라 여론조사 시스템 전부가 말도 안되는 엉터리 여론조사를 하고 있다. 이러한 우리나라의 여론조사시스템이 바뀌지 않는 한 정치발전은 불가능하다.

다시 말하지만 2021년 7월 12일 20대 대선을 앞두고 나는 예비후보자 등록 첫날 중앙선거관리위원회에 6000만원을 내고 예비후보 등록을 하였다. 당일 나 이외에 6명이 더 등록하여 총 7명이 등록을 마쳤다. 그러나 그 이후 나는 어떠한 여론조사에서도 이름이 거명되지 않았다. 모든 여론조사는 '이재명, 안철수, 윤석열, 심상정... 그 외 다른 사람 중 당신은 누구를 대통령으로 지지하십니까?' 이런 식이었다. 나는 항상 그 외 다른 사람이었다. '김기천'이란 이름은 그 어느 여론조사에도 한 번도 등장하지 않았다. 이재명, 안철수는 당시 예비후보 등록도 하지 않은 상태였다. 그들은 그로부터 거의 5개월이 지난 시점에서 예비후보 등록을 하였다. 그러나 언론은 언제나 그들만이 대한민국 대통령 후보인양 귀가 따갑도록 그들을 대상으로 한 여론조사 결과를 발표해대고 있었다. 이것을 중앙선거 관리위원회는 방치 내지는 조장하고 있다. 이것은 명백히 중앙선거관리위원회가 기성 정치권과 결탁이 되었거나 적어도 그들의 눈치를 보고 있거나 그것도 아니면 무엇이 합리적이고 무엇이 비합리적인 것인지, 무엇이 중요하고 무엇이 중요하지 않은 것인지 모르는 무지한 사람들이 모여있는 집단이기 때문일 것이다.

다음은 이러한 불합리한 여론조사에 대한 답답함을 내 블로그에 올린 글이다.

공해가 된 여론조사

민주주의의 핵심은 대통령을 비롯한 공직자를 국민이 직접, 선거를 통하여 선출하는 것입니다. 즉 선거가 민주주의의 핵심이란 이야기입니다. 그렇다면 선거의 핵심은 무엇입니까? 그것은 여론조사입니다. 우리는 모든 정보가 오픈된 상태에서 국민이 투표용지에 도장을 찍어 자유의지로 대통령을 뽑고 있다고 생각합니다. 천만의 말씀입니다. 대통령은 거의 여론조사가 뽑는다고 보는 것이 맞습니다. 명태균이 윤석열 당선에 결정적 역할을 했다는 것이 그 한 예입니다. 명태균의 예는 좀 극단적인 예이지만, 사실은 다른 대통령도 대부분 여론조사가 만들었다고 보는 것이 맞습니다. 여론조사에서 그 이름이 거명되지 않으면 절대로 대통령이 될 수 없습니다.

본인(김기천)은 2021년 7월 12일 중앙선거관리위원회에 6천만원의 기탁금을 내고 대통령 예비후보에 등록했습니다. 당일 김기천을 비롯, 이낙연, 심상정 등 7명이 등록을 마쳤습니다. 그러나 그 이후 어떤 여론조사에서도 본인의 이름은 거명되지 않았습니다. 그해 본인이 조사한 바에 따르면 200여차례의 여론조사가 실시되었는데, 그 모든 여론조사에서 질문은 항상 비슷했습니다. " 당신은 윤석열, 이재명, 이낙연, 유승민, 추미애, 홍준표, 최재형, 안철수, 정세균, 심상정, 그외 다른사람 중 누구를 대통령으로 지지하십니까? 이러한 여론조사를 국민들은 무려 200번 이상 전화통에서 들어야 했고, 또 그 결과를 공표하는 언론을 통하여 반복적으로 그 이름들을 들어야만 했습니다. 본인은 그 200번 이상 여론조사에서 항상 "그외 다른 사람"에 속해있었습니다.그들 중 명백히 이재명, 안철수등 여려명은 예비후보 등록을 하지도 않았음에도 여론조사기관에서는 그들의 이름을 매번 거명하여 선전해주며 여론조사를 실시하는 잘못을 저질렀고, 또 이것을 감독해야할 선관위 여론조사심의위원회는 이것을 묵인하고 공표하도록 하는 잘못을 저지르고 있었습니다. 이렇게 200번 이상 그들의 이름을 노래 부르다 보니 아마 바보라도 그들의 이름을 외울 것이고 그들 중 한 사람이 대통령이 되어야 된다고 생각하는 것이 당연할 것입니다.

이러한 여론조사는 선거운동이 시작되기도 전부터 시도 때도 없이 반복됩니다. 이러한 똑같은 이름을 반복적으로 들어야 하는 국민은 실로 피곤합니다. 이것은 공해입니다. 그러다 보니 정상적인 국민치고 이런 선거 여론조사에 응하는 사람은 거의 없을 것입니다. 반대로 이러한 비합리적 여론조사에 응하는 사람들은 틀림없이 비정상적인 견해를 갖고 있거나, 어떤 목적이 있는 사람들일 것입니다. 즉 이러한 상황에서 여론조사는 절대로 여론을 대변하지 못합니다. 언론은 그러한 잘못된 여론조사를 계속 발표하고 있는 것입니다. 결국 이러한 비합리적 여론조사가 여론을 조작하고 여론을 잘못된 길로 몰아가고 그 결과 선거에서 엉터리 공직자가 당선되는 것입니다.

노무현이후 우리는 5명의 대통령이 있었습니다. 그들중 무려 4명(80%)가 자살하거나, 감옥가거나 탄핵이 되었습니다. 이 무슨 해괴망측한 일입니까? 무엇인가 잘못된 것이 분명하지 않습니까? 나는 예언할 수 있습니다. 이번에 윤석열이 탄핵되고 혹시 이재명이 대통령에 당선이 된다해도 또다시 불행한 일이 반복될 것이라고..

왜 이러한 일이 반복되는 것입니까? 길은 정말 없는 것입니까? 나는 이문제를 해결하기 위해 지난 20대 대선 기간동안 이러한 잘못된 여론조사 행태를 바로잡으려 선거관리위원회에 이의신청도 해보았고, 형사고소도 해보았고, 법원에 잘못된 여론조사공표를 금지해달라는 가처분 신청도 해보았고, 헌법재판소에 헌법소원도 해보았습니다. 모두 다 천편일률적인 궤변 같은 답변의 반복 또는 기각이었습니다. 그리고 든 생각은 머리가 나쁜 사람에게는 쥐여줘도 모른다는 것입니다.

사실 해법은 간단합니다. 나는 여론조사심의위원회가 공표한 여론조사기준에 다음과 같은 두가지만 추가하면 된다고 주장합니다.

1. 누구든지 선거운동기간(예비후보등록이후)이 아닌 경우에는 후보자를 대상으로 선거여론조사를 하면 안된다(또는 공표하면 안된다).

2. 누구든지 선거여론조사를 실시할 때는 예비후보등록자를 대상으로 여론조사를 실시해야 한다.

1번 항만 지켜져도 국민들은 허구한 날 여론조사 전화에 시달리지 않아도 될 것이기 때문에 여론조사에 대한 인식이 덜 나빠질 수 있고 결국 응답률이 높아질 수 있습니다.

2번 항만 지켜져도 공직자가 되겠다고 나선 사람이 누구인지를 객관적으로 알 수 있어 새롭게 거명된 정치신인에 대한 관심을 불러 일으키는 긍정적 효과도 기대할 수 있습니다.

선거도 스포츠 경기와 마찬가지로 공정한 게임이 되어야 합니다. 같은 출빌선에서 출발해야 합니다. 그동안 우리나라 정치판은 그들만의 리그였습니다. 맨날 언론에서 그들만을 떠들어대니 그들의 출발선은 이미 멀찍이 앞서 있습니다. 이게 무슨 공정한 게임이란 말입니까!

정치야말로 상충하는 이해관계를 절묘하게 조율해 나가는 최고의 지혜가 필요한 묘수의 대가가 해야할 어려운 일입니다. 이제 정치도 오픈되어야 합니다. 정직하고 능력있는 사람이 사회적으로 성공한 이후 이 어려운 일에 사명감을 가지고 들어올 수 있는 시스템이 필요합니다. 그 속에서 최적의 공직자를 선출하고 그러한 공직자(지도자)와 함께 국민이 힘을 합칠 때 대한민국은 번영할 수 있습니다. 자원도 없고 세계 열강의 틈바구니에 둘러싸여 있는 위태로운 대한민국에서 이러한 공정한 시스템이야 말로 더욱 절실합니다.

리더쉽이 사라진 대한민국

    정치는 리더쉽이다. 정치는 인간 활동의 모든 부분에 영향을 미친다. 정치가 개판이면 나라도 개판이 된다. 아프리카의 독재국가들이 그렇고 바로 위 북한이 그렇다. 다행히 엄청난 대가를 치르고 대한민국은 민주주의를 쟁취하였는데, 문제는 진정한 리더쉽이 없다는 것이다. 대통령이 항상 좌 아니면 우였다. 좌 또는 우로 치우친 리더는 진정한 리더가 될 수 없다. 일견 다수당을 만들어 조금 힘이 있는 것처럼 보이나 그것은 순식간이다. 지난 역사가 이를 증명하고 있다. 정권이 바뀌고 불과 몇 달이 지나지 않아서 매번 혼란이 시작되었고 그 결말은 참담했다. 리더쉽이 사라진 사회는 혼돈이다. 지금 매 주말이면 극우 극좌 무리가 광화문에 모여 목 터지게 소리지르고, 심지어 떼지어 몰려다니며 폭동까지 일으킨다. 이런 난장판에는 반드시 꼴두기도 뛰고 망둥이도 뛴다. 이 혼란한 틈을 타 한번 떠보려는 미성숙한 인간들이 목청을 돋우고 줏대없는 대중들이 이에 환호를 한다. 얼핏 7년 전 박근혜 탄핵 때의 판박이다. 다른 점이라면 박근혜 대통령의 잘못된 탄핵에 대한 피해의식으로 극우의 목소리가 더 커진 듯싶다.

    지도자는 좌나 우로 치우쳐서는 안된다. 온 세상이 아무리 소란스러워도 온 힘을 다하여 중심을 잡고 있어야 한다. 그럴만한 능력이 있어야 한다. 그런 사람이 지도자가 되어야 한다. 그래야 나라가 흔들리지 않는다.

다시 깃발을 들다!

나는 어려서부터 세상에 있는 모든 것이 불편했다. 그런데 어려서는 몸이 약해 그 불편한 세상을 바꿀 힘이 없었다. 그래서 어렸을 적 나를 기억하는 사람은 아마 세상에 불만이 많은 찌질한 '안티' 또는 아웃사이더로 기억할 것이다. 공대를 졸업한 후 다시 의사가 되어 죽을 병을 고쳐 살아났고, 늘그막에 건강까지 찾은 지금, 나는 그동안 불편했던 것 하나하나를 바꿔나가고 있다. 사업을 하며 세상에 없던 제품 그러나 꼭 필요한 제품을 만들어 내놓음으로 세상을 바꾸고 있었다.

그러던 차에 지난번 선거에서 나는 우리나라 정치의 치명적 문제, 즉 선거 여론조사 문제가 가장 심각한 문제라는 것을 알아버렸다. 문제가 무엇인지 안 이상 나는 이것을 그냥 두고 보지 않을 것이다. 3년 전 신청했던 헌법소원의 내용을 다시 보았다. 다소 수정이 필요한 부분이 보인다. 머리가 나쁜 사람들에게는 쥐여줘야 안다. 쥐여줘도 모를 수도 있지만 그들의 눈높이에 맞추어 다시 한번 법적 절차를 밟고 이 문제를 지속적으로 물고 늘어져 이슈화할 것이다.

20대 대선 후 당분간 사업에 열중하려 했던 나에게 금번 탄핵사태는 다시 한번 나의 개혁 본능에 불을 붙였다. 인간적인 생각을 하면 사업에만 열중해서 잘 먹고 잘사는 길을 택하고 싶은 마음도 있다. 그러나 지금까지 나의 인생이 그랬듯 그런 편안한 삶은 나에게 어울리지 않는다. 내 앞에 놓인 비합리적인 일을 보고 그냥 지나칠 수는 없다. 이 상황에서 결과를 고민할 필요는 없다. 옳은 길이면 가면 되는 것이다. 그 길을 따라 오는 사람이 있으면 좋고, 없어도 어쩔 수 없다. 그것이 나에게는 가장 편한 길이기 때문이다.

2025년도 벌써 봄을 향해 달린다. 그런데 어느 해보다도 시끄럽고 앞날이 어둡다. 그럴수록 누군가는 길을 찾아내야 한다. 그리고 그 길로 인도해야 한다. 나는 이 일을 위하여 나의 모든 능력을 바칠 것이다. 그리고 사심 없이 전진할 것이다. 비록 그 속도는 더디더라도, 지나고 보면 그 길이 가장 빠른 길이었다는 것을 알게 될 그 길로!

부 록

1. 환경에 대한 생각

나는 환경론자이다. 지금 지구는 몸살을 앓고 있다. 이대로 가면 인류는 제 6차 대멸종의 주인공이 될 것이 틀림없다. 다음은 2024년 12월 한 환경단체 대회장을 맡아 한 나의 연설문이다.

2024환경ESG공헌대상 대회장사

안녕하십니까?

'7회 세계산소의날 기념' 및 '2024 대한민국환경ESG공헌대상' 대회장을 맡은, 21대 대통령에 출마할 김기천입니다.

먼저 이 뜻깊은 행사에 대회장을 맡게 되어 대단히 기쁘게 생각하며 환경공헌대상 수상자로 선정된 모든 분들께 축하의 말씀을 드립니다. 또한 어려운 시기에도 포기하지 않고 이러한 운동을 지속적으로 추진해오신 환경감시운동본부 관계자 여러분들께도 뜨거운 격려의 말씀을 올립니다.

지금 인류의 과학발전 속도는 전례가 없을 정도로 빠릅니다. 그러나 역설적이게도 우리 주변을 직시하면 이전 세대보다 더 엄청나고 다양한 위기가 전 방위적으로 우리를 압박하고 있습니다.

그중에서도 전 지구가 당면한 공통의 위기는 단연코 환경오염과 지구 온난화입니다. 이대로가면 곧 인류는 제 6차 대멸종의 주인공이 될 것이 뻔합니다. 대부분의 과학자들은 인류의 미래가 앞으로 100년을 넘기지 못할 것이라 예상하고 있습니다.

그런데 또 아이러니하게도 컴퓨터와 분자생물학의 발달로 항노화 역노화 기술은 또 비약적으로 발달하여 인간의 수명이 지속적으로 늘고 있습니다. 이미 100세 시대가 되었고, 150세 아니 그 이상, 어쩌면 영생도 가능하다는 극단적인 전망까지 나오고 있는 상황입니다. 즉, 멸종이 다음 세대의 이야기가 아니라는 것입니다. 우리에게 닥친 바로 우리의 문제라는 것입니다.

멸종과 영생!

이 얼마나 얄궂은 인간의 운명입니까? 우리는 여기서 무엇을 선택해야 합니까?

지금까지 지구에는 다섯 번 멸종이 있었습니다.

호모사피엔스!

우리는 그 멸종의 주인공들과 다른 점이 있습니다. 우리에게는 지능이 있고 이성이 있습니다. 인간이 그 지능으로 욕심만을 추구한다면 오히려 그 멸종의 시계는 빨리 돌아갈 것입니다. 불과 수 십 년을 버티기도 힘들 것입니다. 산업혁명 이후 이미 지구의 온도는 1.5도 이상 상승해버렸습니다. 사실은 이미 늦었다는 시각도 있습니다. 그러면 이대로 우리는 멸종당하고 말아야 할까요?

우리에게 이성이 있는 한 우리는 선택해야 합니다. 그리고 행동해야 합니다. 우리 대화의 중요한 주제는 환경문제가 되어야 합니다. 분명 최소한의 삶이 최선의 삶입니다. 그렇다고 하여 산속에 들어가서 은둔하라는 말이 아닙니다. 각자의 자리에서 최선을 다하며 모든 일을 함에 있어 환경을 생각해야 한다는 말입니다.

당연히 이문제는 점점 더 절실한 국제적 이슈가 되고 있습니다. 파리협약이 그것이고 RE100이 그것입니다. 이제 환경문제를 생각하지 않고 무분별하게 대량 생산하여 이익을 보는 시대는 끝났습니다. 이미 여러 나라는 이러한 환경문제를 해결하고 탄소중립 정착하기 위한 다양한 정책을 펼치고 있습니다. 대한민국정부도 '2050탄소중립'과 ESG경영실천 이라는 명제아래 이를 위한 노력에 동참하고 있습니다.

이에 환경감시국민운동본부와 환경보전대응본부는

2030 U2℃에 동참하여 100개국을 대상으로 '나무심기릴레이'를 펼치고 있으며 정부의 그린뉴딜정책에 동참하는 등 지구온난화 방지와 미세먼지 저감을 위해 노력하고 있습니다.

이러한 절박한 시기에, 오늘 이 시상식은 특별한 의미가 있다고 생각합니다. 오늘 시상은 그동안 환경분야에서 특별한 역할을 한 분들을 격려하고 이분들의 노고를 널리 알려 온 국민이 같은 마음으로 환경보호의 첨병이 되는 아름다운 대한민국을 만드는 중요한 계기가 되기를 희망합니다. 다시 한 번 수상자 분들께 심심한 축하의 말씀을 드립니다. 또한 오늘 이 시상식을 기획하고 준비해 주신 모든 분들께도 감사드리며 이러한 행사가 의미하는 숭고한 정신이 우리사회와 국민들에게 널리 확산되기를 진심으로 바라마지 않습니다.

감사합니다.

2. 건강문제에 대한 나의 결론

자극성(과민성) 장증후군은 수명을 단축시킨다

　정통의학 교과서, 심지어 2020년판 Mayo 클리닉에서 나온 자료조차도 한결같이 자극성 장증후군은 삶의 질을 떨어뜨릴 뿐 수명과는 지장이 없다고 쓰여 있다. 그러나 나는 단호하게 말한다. 이 병은 수명을 분명히 단축시킨다. 그 병 자체로도 면역을 떨어뜨려 노화를 촉진하여 수명을 단축시키겠지만 증상이 심한 경우 많은 사람이 자살을 하고, 우울증에 걸려 제대로 치료를 못 받아 다른 질병으로 사망한다. 또한 자극성 장증후군 중 상당수가 장 누수증후군을 동반하는데 이러한 장 누수는 각종 면역질환을 일으키고 심지어 급성심근경색과 뇌졸중 등 허혈성 질환을 일으킨다. 즉, 의사가 사망진단서를 쓸 때 그 원인을 자극성 장증후군으로 쓰지 않아서 다른 병명이 붙는 것뿐이다. 의사들은 평생을 그렇게 배워 왔기 때문이다.
　나는 이러한 자극성 장증후군의 원인 중 가장 중요한 요인이 구강 내 미생물이라 확신한다. 나아가 구강 안에 있는 미생물은 전신건강에 직간접적으로 영향을 주어 성인이 되어 발생되는 거의 모든 질병과 연관되어 있다고 확신한다.

당신의 건강! 입 속 세균에 달려 있다!

　치아가 건강한 사람은 몸도 건강하다. 치아가 건강치 못한 사람은 몸도 건강하지 못하다. 치아가 나쁘면 잘 못 먹어서 그럴까? 그것은 아니고 바로 여기에 우리 건강의 비밀이 있다. 우리는 태어날 때 무균 상태로 태어난다. 그러나 그 이후 우리 몸은 끊임없이 외부로부터 수많은 미생물의 공격을 받는다. 그 공격을 막아 내기 위하여 피부는 단단한 편평상피 세포가 다층을 이루고, 수시로 그 바깥층을 탈락시키고 면역세포가 상시 감시한다. 구강부터 항문까지 이어지는 소화관은 상대적으로 미생물 침입에 약한 점막세포로 이루어져 있지만 역시 빠른 속도로 안에서 바깥층으로 세포를 성장시키고 그 바깥층을 탈락시키고 거기다 다량의 점액을 흘려보내 점막 상피세포를 보호하고 수많은 면역세포가 이중 삼중으로 조직을 보호한다.

　그런데 이러한 보호 장벽이 가장 취약한 곳이 바로 '구강'이다. 입은 사람이 생존하기 위한 모든 영양소가 들어오는 통로임에도 불구하고 그 면역체계는 아주 불리한 구조로 되어 있다. 피부처럼 단단한 외피도 없고 장점막처럼 끈끈한 점액의 분비가 왕성하지도 않다. 기껏해야 침샘에서 나오는 타액인데, 타액의 점도나 내용물로 보아 구강을 완벽히 지켜 내기에는 역부족이다. 거기다 치아에는 혈관이 없다. 그래서 혈액을 통하여 면역세포가 치아에 다다를 수 없는 것이다. 이것은 치명적 단점이다. 치아는 어려서 한 번 간이가 된 후 수십 년 동안 같은 것을 사용하면서 재생이 되지 않고 닳기만 한다. 나이가 들어가며 표면은 점점 거칠어지고 치아 내부의 미세한 모세관을 채우고 있던 세포들은 퇴축되어 미세한 구멍들이 점점 많아진다. 이 구멍들은 미생물이 살기에 최적의 조건을 갖추고 있다. 혀도 비슷하다. 점액의 분비가 왕성하지도 않고 혀 미로의 깊은 곳은 칫솔로 닦기도 어려워 미생물 입장에서는 최적의 서식처다. 온도 습도 영양 모든 것이 최적이고 자신들을 공격하는 적도 부실하다 보니 수많은 미생물이 꾸준히 자손들을 번성시켜, 수시로 구강점막을 통하여 직접 혈관 속으로 침입하고, 침이나 음식을 삼킬 때 목구멍을 통하여 장 속으로 엄청난 숫자의 미생물들이 들어간다.

최근의 연구결과들을 보면 입 속에는 거의 1,000종류 이상의 구강미생물이 살고 있다고 한다. 그 미생물 중 상당수는 현재의 기술로는 배양도 되지 않는 세균이다. 배양은 미생물을 연구함에 있어 기본 중에 기본인데 배양이 안 되니 그다음 연구가 진행이 안 되는 것은 당연하다. 최근 초보적인 수준의 연구이지만 일부의 구강세균들이 암은 물론 만성피로, 우울증, 불면증, 알레르기 등 대부분의 만성질환의 원인이라는 연구결과들이 나오고 있다. 이전에는 이 모두 정상세균총으로 퉁쳐 버렸던 균들이었다. 나는 '세상에 완전한 정상세균총, 즉 인체에 이로움만 주는 세균은 거의 없다고 생각한다. 먼 옛날 진핵생물 세포 속으로 들어와 공생하게 된 박테리아인 미토콘드리아를 제외하고는⋯.' 심지어 요즈음 마이크로 바이옴이라고 해서 인체에 유익한 균에 대한 연구가 활발하지만 나는 이러한 연구 결과에 거의 동의하지 않는다. 이러한 마이크로 바이옴, 유산균마저도 인체에 덜 해로운 균일 뿐, 대체로 해로우며 특히 면역이 약해져 있을 때는 치명적일 수 있다. 이것은 내가 나를 대상으로 혼란변수를 최소화하여 엄밀한 실험을 수차례 반복하여 내린 결론이다.

또한 면역이 떨어진 사람에게 유산균을 투여하여 유산균 혈증으로 사망한 사례도 있다. 그들의 연구에서 유산균이 효과가 있는 것처럼 나타난 것은 워낙 악독한 세균을 많이 가지고 있는 사람에게 덜 해로운 유산균을 투여하니 그 유산균이 악독한 균을 억제하여 이로운 효과를 내는 것처럼 보일 뿐이라는 것이 나의 생각이다.

사람의 세포분열 속도는 나이가 들면서 느려진다. 세포분열 속도가 느려진다는 것은 외부의 적과 싸울 군대의 숫자가 줄어든다는 뜻이다. 어려서 세포분열이 빠를 때는 상처가 나도 치유 속도가 빠르고 세균이 침범해도 수많은 면역세포들이 달려들어 이겨 낼 수 있지만 세포분열 속도가 떨어지면 침입하는 세균에 밀릴 수밖에 없다. 즉, 나이가 들면서 모든 면역이 떨어지게 되는데, 이렇게 되면 즉, 나이가 많다는 단 한 가지 이유로도 이러한 덜 나쁜 유산균도 치명적일 수 있다. 즉, 덜 나쁜 유산균을 투여할 것이 아니라 악독한 균은 박멸하고 대부분의 균의 숫자를 줄이는 노력이 중요하다.

몇 가지 치명적인 균과 균을 줄이는 방법
칸디다

칸디다는 우리 주변에 흔히 살고 있는 곰팡이다. 대부분의 사람 몸에도 여러 종류가 산다. 구강, 소화관, 여성생식기 등. 그래서 이것은 정상세균총으로 분류 되어 있다. 즉, 칸디다를 가지고 있는 것이 정상이라고 생각했다. 우리는 이 전제를 바꾸어야 한다. 즉, 칸디다는 반드시 치료를 해야 한다. 최근의 연구에 따르면 칸디다는 각종 소화관의 암과 관련이 있다는 논문이 많이 나온다. 암뿐만이 아니다. 수많은 질병이 칸디다와 연관이 되어 있다.

문제는 칸디다를 완벽하게 죽이는 약이 신통치 않다는 것이다. 생물계를 구분할 때 흔히 생산자와 소비자 그리고 분해자로 구분한다. 곰팡이는 그 분해자의 최정점을 차지하는 생물군이다. 그래서 자연계에서 곰팡이의 역할은 참으로 중요하다. 만일 사체가 분해되지 않고 모두 남아 있다면 이 세상이 어떻게 될 것인가? 엄청나게 지저분한 세상이 될 것이다. 이러한 곰팡이는 참으로 지독한 환경에서도 생존할 수 있다. 거기다 곰팡이는 세포가 상당히 고등화되어 있어, 즉 고등 동물의 세포와 많이 닮아 있어 항생제로 죽이기도 쉽지 않다. 그래서 사람들(의) 마지막(은) 대개 곰팡이 감염으로 죽는다. 그래서 역설적이게도 건강하게 오래 살기 위해서는 반드시 박멸해야 한다. 그리고 절대로 감염이 되면 안 된다.

곰팡이를 죽이는 약이 꽤 여러 가지가 있다. 그러나 아직 완벽한 약은 없다. 플루코나졸, 이트라코나졸 등 아졸 계통의 약은 칸디다가 이미 내성을 갖고 있는 경우가 많아서 효과가 없는 경우가 많다. 그나마 암포테리신 같은 약이 내성이 적기는 하지만 여기에도 내성이 점증하고 있다. 최근에 개발된 에치노칸딘 계열의 약이 부작용도 적고 효과도 괜찮지만 여전히 내성균주가 증가하고 있다. 내가 알기로 현재까지 최선의 조합은 내성균주의 경우 암포테리신과 플루싸이토신의 병합 요법이다. 그러나 부작용이 심하여 일선 의사들이 사용하기를 아주 꺼리는 약이다. 암포테리신이야 그래도 대학병원에서 꽤 사용을 하고 있겠지만 플루싸이토신은 대한민국 병원에는 비치되어 있지도 않은 약이다. 한국 희귀의약품센터에만 있어서 의사가 처방하면 환자가 처방전을 들고 센터에 가서 구입해야 하는 약이다. 의사들이 처방하기를 극도로 꺼리는 약이라는 것이다. 그러나 곰팡이 질환이 인간의 삶의 질을 극도로 떨어뜨리고 생각보다 많은 사람이 이것으로 죽는 것을 생각하면 그렇게 약을 아낄 일이 아니다.

헬리코박터, 진지발리스, 푸조박테리움 등 박테리아

헬리코박터는 위암, 진지발리스는 췌장암, 푸조박테리움은 대장암과 관련이 있다. 이러한 균을 항균제로 균을 없애는 것은 매우 어렵다. 구강의 경우 이러한 균이 세포내에 있는 것이 아니고 세포 밖, 즉 우리 몸 바깥 바이오 필름 속에 서식하는 경우가 많기 때문이다. 다행히 헬리코박터는 아주 좋은 제균 약제가 있지만 아직 완벽한 제균이 불가능한 균도 있다. 이러한 경우는 결국 균 숫자를 줄이는 노력이 최선이다.

구강미생물이 전신질환을 일으키는 메커니즘

1. 구강에서 직접 질병을 일으킨다

구강 칸디다는 물론, 일반적으로 감기라고 말하는 증상도 구강미생물이 원인인 경우가 많다. 특별히 누구와 접촉을 하지 않았는데도

무리를 하거나 찬 공기에 노출이 (되면) 감기를 앓는 경우가 있다. 평생 나는 이 점이 궁금했다. 감기가 외부의 바이러스나 세균 때문이라면 틀림없이 감기환자와의 접촉이 선행이 되어야 하는데, 분명 그러한 접촉이 없었음에도 감기에 걸린 경우가 많았기 때문이다.

청소년기에 연세대학교 옆에 살았는데, 너무 몸이 약하여 체력을 증진해 보려 아침 새벽마다 아무도 없는 연세대학교 운동장을 몇 바퀴씩 달리는 운동을 한 적이 있었는데 이러한 시도는 항상 1주일을 넘기지 못했다. 3~4일 후면 언제나 목이 아파 열이 나고 몸살이 나서 결국 운동을 중단하게 되었다. 찬 공기가 직접 목에 닿지 않도록 마스크를 끼고 시도해 보기도 했지만 결과는 마찬가지였다. 당시에는 그 동네에 사람이 많이 살지도 않았고 그 시간에 운동을 하는 사람도 별로 없었고, 내가 운동하는 도중 다른 사람과의 밀접한 접촉은 당연히 없었다. 여러 차례 이러한 경험을 한 나에게는 감기라는 것이 주로 다른 환자로부터 전염되어서 발병된다는 설명은 받아들이기 힘들었다. 그 해답을 어렴풋이 느낀 것은 거의 50이 다 된 나이에, 개원의사로서 10년쯤 지났을 때였다.

의과대학에서 감기의 대부분은 바이러스가 원인이라고 배운다. 그러니 감기에 항생제를 처방하는 것은 바보 같은 처방이라고 귀에 못이 박히도록 들었다. 그런데 내가 개원을 하여 하루에도 수십 명의 감기 환자를 만나서 약을 처방하고 그들의 증상 변화를 면밀히 살핀 결과, 증상이 심한 감기의 상당수는 항생제가 분명히 효과가 있었다. 적절하지 않은 항생제를 쓴다든지 너무 늦게 항생제를 써서 중이염, 축농증, 폐렴 등으로 악화되는 경우를 수도 없이 보았다.

개원 초창기, 매일매일 감기에 항생제를 처방하며 내 머릿속은 참으로 혼란스러웠다. 인류 의학의 역사가 집결된 내과 교과서가 틀렸단 말인가? 그것을 공부하고 대학병원에서 진료를 하는 저명한 교수들이 틀렸단 말인가? 그들의 말을 믿지 않고 그들에게 감히 도전장을 내밀 용기가 나기까지는 동네 의사로서 10년 이상의 진료 경험이 필요했다.

감기는 '언론이나 의과대학 교수들이 말하는 것보다 세균성인 경우가 많고 결국 항생제 치료가 필요한 경우가 많다.'라는 결론에 이른다. 그러한 감기를 일으키는 메커니즘은 원래 구강에 상재하고 있는 균(대표적으로 사슬알균)이 인체의 면역과 팽팽한 긴장 속에 가까스로 억제되고 있다가 인간이 무리를 하면 면역이 떨어지고 그 틈을 타서 발호를 하여 염증을 일으킨다는 것이 나의 결론이다. 그러므로 이때 적절한 항생제를 먹으면 그러한 균들이 어느 정도 억제되고, 동시에 아파서 쉬고 나면 면역도 회복되어 다시 균과 면역이 균형점을 찾아 정상상태가 되는 것이다. 균이 완전히 없어져서 낫는 것이 아니라는 것이다.

그 후 나는 심사평가원에서 감기에 항생세 처방을 많이 했다고 지적을 받고 때로 약 처방비를 삭감당하여 경제적 손해를 감수하면서까지 필요한 경우 감기에도 항생제를 아낌없이 썼다.

여기서 면역에 대한 이야기도 짚고 넘어가야 할 부분이 있다. '면역이 조금만 떨어져도.'라는 말에 주목을 해야 하는데, 인체의 면역은 그 수준이 수시로 변한다. 말 그대로 면역이 조금만 떨어져도 일부의 균은 벌써 발호하여 증상을 만들고, 면역이 많이 떨어지면 대부분의 균이 발호하여 치명적 상황을 만들고, 면역이 거의 모두 없어지면 거의 모든 균이 발호하여 결국 사망하게 되는 것이다.

2. 구강점막을 뚫고 혈액을 타고 이동하여 질병을 일으킨다

바이러스는 더 작지만 세균만 해도 우리 세포에 비하면 크기가 너무나 작다. 1000배 현미경으로 보면 세포는 손가락만 해지지만 박테리아는 구두점만큼 작다. 이렇게 작은 박테리아가 세포 사이의 간극을 타고 이동할 수 있는 것은 당연하다. 실제로 진지발리스균이 세포 간극 사이를 이동하는 사진은 인터넷에 널려 있다. 이렇게 점막을 통과하여 모세혈관의 내피세포를 통과하여 혈액 속으로 들어가서 혈액과 함께 이동하여 적당한 장소에서 정착하여 질병을 일으키는 경우이다. 대표적인 예가 사슬알균에 의한 심내막염이다.

3. 2번의 경로를 거치지만 박테리아가 혈액 속으로 들어가는 순간 우리 몸의 백혈구에 의하여 모두 사멸되는 경우

이때는 세균은 모두 죽지만 세균 속에 있던 독소들이 급성 혹은 만성으로 인체의 면역을 자극하여 염증을 일으켜 수많은 질병을 일으킨다. 급성 질환의 경우 이미 정통의학 교과서에 여러 경우가 명시되어 있다. 그러나 약하고 만성적인 독소 혈증은 당장에는 아무 증상이 없는 듯 보여도 우리 몸에 만성적인 염증을 일으켜 대부분의 성인병과 만성병을 일으킨다고 나는 생각한다.

대표적인 예가 고혈압과 류마티스관절염이다. 고혈압이 질병으로 정의된 지 거의 백 년이 된 지금까지 인류는 고혈압의 원인을 못 찾고 있다. 그래서 이름하여 '본태성' 고혈압이라고 한다. 이 말속에는 나이 들면 어쩔 수 없이 혈압이 올라갈 수밖에 없다는 숙명적 의미가 내포되어 있다. 나는 이러한 생각에 전혀 동의하지 않는다. 나이가 들어도 혈압이 정상이어야 된다는 것이 내 생각이다. 추정컨대 나이가 들면 세포분열 속도가 떨어지고, 그러면 면역이 떨어지고 면역이 떨어지면 우리 몸속, 특히 구강 안에 있는 세균의 수가 증가하고 구강점막을 통하여 혈관으로 침투하는 세균들도 증가하고 그 세균들에 대한 면역반응으로 교감신경이 자극되고, 염증반응도 증가하고 결국 혈압이 오르게 된다는 것이 내 생각이다. 고혈압 환자의 혈압이 아침에 특히 높은 이유가 구강세균과의 연관성을 암시한다물론 나이가 들어 혈관이 좁아지고 조직에서는 혈액공급이 부족하여 심장에게 신호를 보내고 결국 혈압이 올라가는 메커니즘도 당연히 있다. .

구강 안에 세균이 가장 많은 시간은 대체로 새벽이다. 낮 동안은 대개 수시로 음식을 먹거나 물을 마시고 말도 하면서 침도 삼키고 이런 과정이 구강을 세정해 주는 효과가 있어 세균의 숫자가 일정 수준 이상으로 올라가기가 어렵다. 그러나 밤에는 이 모든 세정효과가 이루어지지 않는다. 결국 기상할 때가 구강세균이 가장 많을 때이다. 이로 인한 면역반응 증가가 아침 혈압을 올리는 요인이 될 수 있다.

류마티스관절염의 특징 중 하나는 morning stiffness이다. 기상 후 한 시간 이상 관절이 움직여지지 않는 증상인데, 이것도 같은 이유이다. 즉, 우리 몸 특히 구강의 세균 수를 줄이면 혈압도 내려갈 수 있고, 관절염 증상도 좋아질 것으로 생각된다.

기타 수많은 면역질환, 퇴행성 관절염 등이 부분적으로 이러한 메커니즘으로 질병이 진행이 되는 것 같다.

4. 위산의 역할

대부분의 세균은 산에 약하다. 그래서 우리 위장에서는 강산인 염산을 분비하여 입으로부터 들어온 대부분의 세균을 죽인다. 그런데 어떤 이유에서든(주로 H. pylori에 의한 만성염증이 원인이지만) 위산 분비가 줄어들면 참으로 위험한 상황이 전개된다. 구강으로부터 들어온 세균이 죽지 않고 장까지 도달하여 장벽을 뚫고 혈관 속으로 침투한다. 이것이 장 누수이다. 장 누수는 협심증이나 급성심근경색을 유발하기도 하고 모든 성인병과 만성피로, 우울증과 같은 대부분의 정신병의 원인이 되는 것으로 생각된다.

협심증과 급성심근경색은 대개 식사 후에 발생하게 되는데, 구강세균이 많은 상태에서 식사를 하면 그것은 구강세균 입장에서는 완전 잔칫상이다. 갑자기 세균의 숫자가 폭발적으로 증가하고, 위산이 이 세균을 죽이지 못하는 상태에서는 엄청난 양의 세균이 장을 뚫고 혈액 속으로 들어갈 수 있다. 다행히 백혈구에 의하여 세균이 죽더라도 그 독소들은 혈액 속에 남아 인간이 면역이 감당하기 어려운 지경에 이를 수 있다. 결국 이러한 혈액 속에서의 교란은 혈액응고를 촉발시키고 협심증을 악화하게 만들거나 급성심근경색을 유발할 수 있다는 것이 나의 주장이다.

5. 음식 알러지와 유당불내성

경우에 따라 특정 음식에 알러지가 있는 경우도 있다. 이 경우 그 음식을 철저하게 피해야 한다. 유당불내성도 마찬가지다. 이러한 유당불내성은 크게 두 가지로 나뉜다. 첫째는 완전한 유당불내성, 즉 젖당 분해효소(락타아제)가 전혀 나오지 않는 경우이다. 이 경우는 애당초 우유를 안 먹을 테니 이야기할 필요도 없고, 절대 젖당을 먹으면 안 된다. 둘째는 부분적 유당불내성, 즉 락타아제가 안 나오다가도 젖당을 계속 먹게 되면 유전인자가 활성화되어 부분적으로 락타아제가 나오는 경우이다. 그러나 이 경우도 정확하게 말하면 락타아제가 충분히 나오기 어려우므로 젖당을 피해야 한다. 특히 나이가 들면 락타아제 분비가 더욱 줄어들 수 있어 주의해야 한다. 요즘에는 다행히 젖당이 없는 락토프리 우유가 많이 있으므로 이러한 경우 반드시 락토프리 우유를 먹어야 한다.

어쨌든 음식물 알러지나 유당불내성은 결국 장점막을 약하게 만든다. 장 속에 수많은 세균들은 이 약해진 장점막을 뚫고 혈관 속으로 들어가 위에서 언급한 대로 수많은 문제를 일으킨다. 바로 장 누수다. 결론은 본인의 체질을 면밀히 관찰하여 음식을 철저하게 가려서 먹는 편식이 중요하다. 혹시 부족해질 수 있는 영양소는 적절한 영양제를 복용하는 것으로 해결해야 한다.

의사들을 위한 제언 : 더 적극적인 치료가 필요하다

그러면 구강세균을 완전히 없앨 수는 없을까? 그것은 불가능하다. 인간이 무균상태로 살 수는 없다. 특히 균이 몸 밖에, 즉 소화관 상피세포 바깥에 바이오필름을 형성하여 살고 있는 경우는 박멸이 더욱 어렵다. 한 연구에 따르면 이 경우 통상용량의 150배 정도의 용량이 필요하다고 하니 불가능하다는 이야기다. 이렇듯 대책이 없다 보니 의사들도 그냥 정상세균총으로 분류해 버리고 마는 측면이 있었을 것이다.

그러나 방법이 아주 없는 것은 아니다. 나의 경우 수차례의 약 복용을 통하여 곰팡이 균이 원인인 것은 확실해 보였는데 몇 번의 배양 검사에서도 곰팡이가 배양되지 않았다. 당시 곰팡이가 배양됐다 해도 나를 치료했던 대학병원 교수들은 그 곰팡이를 치료할 생각을 아예 하지 않았을 것이다. 그들은 칸디다는 정상인에게도 있다고 생각하고 있기 때문이다. 그러나 나는 증상이 너무도 심하여 자살을 시도할 만큼 힘들다 보니 세상 끝까지라도 가서 치료방법을 찾아내야 했다. 그리고 마침내 Candida, famata가 배양되었고, 최선의 약제가 Amphotericin과 Flucytosin 병합요법이라는 것을 찾아내 치료를 할 수 있었다.

완치가 되기 전 나는 인터넷에 떠돌아다니는 거의 모든 방법을 시도해 보았다. 각종 essential oil은 물론 수많은 생약제제들, 메틸렌 블루라는 염색약을 구강에 바르고 광선 치료도 해 보았고, 심지어는 동물에게 사용하는 약까지. 할 수 있는 모든 방법을 시도했었다. 똥을 대량으로 몇 차례나 먹을 정도였으니 무슨 짓을 안 해 보았으랴…. 결론은 그래도 병원에서 처방하는 약이 가장 효과가 좋았다.

문제는 그러한 처방약 어떠한 것도 내가 가지고 있는 곰팡이를 완벽하게 죽이지는 못했다는 것이다. 최근 여러 가지 곰팡이 약이 개발되어 사용이 되고 있기는 하지만 현재 나와 있는 어떤 곰팡이 약도 완벽하지 않다는 것이 문제다. 실제로 곰팡이 약을 개발하는 것은 박테리아에 대한 항균제를 개발하는 것보다 더 어렵다. 박테리아에 비하여 곰팡이 세포 구조가 더 고등하여 인간의 세포, 즉 진핵생물의 세포 구조와 더 유사하기 때문이다. 그래서 사람의 마지막은 거의 곰팡이가 처리한 다는 것을 의사들은 대게 알고 있다. 그런 면에서 나는 행운아라고 할 수 있다.

이러한 나의 경험상 지독한 고통으로 삶을 포기하고 싶은 이들에게 그리고 그러한 환자를 치료해야 하는 의사들에게 다음과 같이 권고한다.

1. 원인 모르게 고통을 당하는 경우, 먼저 구강을 의심해 볼 것!
2. 반복적으로 배양 검사를 하든가 PCR법으로 균종을 끝까지 찾아낼 것!
3. 검출된 균에 대한 최선의 방법을 과감하게 시도할 것!

실제로 우리나라의 경우 여러 가지 곰팡이에 특효를 갖고 있는 Flucytosine이란 약은 대학병원에도 비치되어 있지 않은 약이다. 이 약을 쓰기 위해서는 의사로부터 처방을 받아서 '한국 희귀의약품센터'에서 구입해야 하는 번거로움이 있다. 워낙 부작용이 심하다 보니 의사들이 사용을 잘 안 해서 그런 것 같은데, Amphotericin과 병합하여서, 부작용을 철저하게 모니터링하면서 사용하면 아주 유용한 약이다. 특히 이 병합요법은 일반적인 곰팡이 약에 내성을 갖고 있는 지독한 곰팡이 균에 효과가 좋아 중환자실에서 사경을 헤매는 수많은 생명을 구할 수 있을 것이라 확신한다. 이러한 일들은 의사들의 의식의 변화와 제도적 개선이 필요할 것이다.

양구질

우리는 오래전부터 양치질의 원칙으로 333 요법을 수도 없이 들었다. 그러나 이것은 터무니없는 이야기다. 하루 세 번 양치질로는 어림없다. 나는 하루 최소 5~10번의 양구질을 추천한다. 양치질이 아닌 양구질을! 즉, 치아만 닦아서는 안 되고, 모든 구강점막과 특히 혓바닥을 항균 효과가 있는 좋은 치약으로 철저하게 닦을 필요가 있다. 만일 소화기능이 약한 경우, 즉 어려서 헬리코박터 위염으로 위 점막에 만성적인 염증이 지속되어 위장점막이 위축되어 위산 분비가 부족한 경우는 하루 최소 10번의 양구질을 해야 한다. 눈 뜨자마자, 아침 식전과 식후, 아침과 점심 사이, 점심 식전과 식후, 점심(과) 저녁 사이, 저녁 식전과 식후, 자기 전, 이렇게 하면 10번이다. 증상이 심한 경우 자다가도 일어나 양구질을 하는 것이 좋다.

여기서 한 가지 가글링에 대하여 짚고 넘어간다. 가글링은 안 하는 것보다는 낫겠지만 효과는 지극히 미미하다. 구강에 있는 세균은 거의 바이오필름을 형성하여 그 안에 존재하고 있기 때문에 가글링 정도로 가글링액이 세균까지 도달하기가 어려울 뿐만 아니라 정작 몸에 밀착되어 있는 세균에는 거의 효과를 발휘하지 못한다. 나의 경우 알콜 성분이 들어 있어 자극적인 가글액은 이익보다 손해가 더 컸던 것 같다.

어떤 이는 그렇게 자주 닦으면 치아가 손상되지 않겠는가 걱정할 것이다. 당연히 손상된다. 그러나 치아가 손상되는 것 정도는 감수해야 한다. 몸이 망가지는 것보다는 대책이 쉽기 때문이다. 오래 사용하여 낡고 손상된 치아는 발치를 하고 틀니를 하는 편이 훨씬 낫다. 틀니는 꺼내서 완벽하게 소독을 할 수 있기 때문이다.

키스는 섹스보다 위험하다!

무슨 질병이든 예방이 최선이다. 즉, 균과의 접촉을 가능한 한 줄여야 한다. 그런 점에서 자연분만보다 제왕절개분만이 더 좋을 수 있다. 자연분만을 하려면 산도를 철저하게 소독하는 것이 중요한데 이것이 쉽지 않다. 모유 수유도 사실은 위험하다. 모유 수유를 할 때도 엄마 피부를 가능한 한 완벽하게 소독하고 수유를 해야 좋은데 이것이 쉽지 않다는 것이다. 즉, 면역이 성숙이 되기 전까지는 균 접촉을 가능한 줄이는 것이 좋고, 예방주사가 있다면 가능한 한 모든 예방주사를 맞는 것이 중요하다. 성인의 경우라 해도 가급적 깨끗한 환경이 중요한 것은 마찬가지다.

이쯤에서 꼭 이야기하고 싶은 것이 절대 키스를 하지 말라는 당부다. 구강성교 특히, 커니링구스 애니링구스는 치명적으로 위험하다. 아래쪽이 감염이 되는 것은 그래도 낫다. 그러나 구강이 감염이 되면 온몸이 영향을 받는다. 그래서 키스는 섹스보다 위험하다. 네덜란드의 한 연구팀이 발표한 내용에 의하면 10초 동안의 키스만으로도 상대에게 이동하는 구강세균이 약 8000만 마리에 달한다고 한다. 혹시 누가 키스를 하자고 하면 도망가야 한다. 그냥 섹스만 하자고 요구해야 한다. 부부사이라 해도 그것은 마찬가지다.

최근 항노화 의학 발전에 대하여

인간은 누구나 영생을 꿈꾼다. 그러나 영생이란 종교에서나 말하는 주제일뿐 실제로는 상상할 수도 없던 일이다. 그러나 최근 분자생물학과 인공지능의 발달은 실로 엄청나 그 결과를 예측하기 어려울 정도다. 최근의 연구에 의하면 노화는 자연현상이 아니고 질병일 뿐이라는 것이고, 이미 쥐, 원숭이 수준에서 노화를 되돌리는 것은 많은 실험에서 성공을 거두고 있다. 사람에 대하여도 노화의 늦추는 여러 가지 방법들이 성공하고 있고 심지어는 젊음을 되찾을 수 있는 역노화까지 언급이 될 정도가 되었다. 이 분야의 선구자중 한 사람은 하바드대학의 데이비드 싱클레어 교수로 그는 최근 '노화의 종말'이라는 책을 썼다. 그 책에서 추천하는 방법 및 몇몇 다른 연구들 그리고 유튜브를 참고하여 내가 하고 있고, 어느 정도 효과가 있어 보이는 몇가지 항노화 방법을 아래에 소개한다.

1. 약물 복용

　1) 하루 한번 복용하는 약

　　(1) NMN 500~1000mg

　　(2) Resveratrol 600~1000mg

　　(3) Fisetin 1000mg

　　(4) TMG 1000mg

　　(5) Quercetin 200mg

　　(6) Coenzyme Q10 500mg

　　(7) Vitamin B complex 1알

　　(8) TA-65

　2) 하루3번 식사와함께 복용하는 약

　　(1) metformin 500mg

2. 운동

　1) 조깅 : 2일에 한번 30분간

3. 고압산소치료 : 매일 2기압 100% 산소 흡입 1시간

상기 방법(TA-65 : 텔로머레이즈 연장 효과 약물, 2024년 하반기부터 복용)을 2023년 초부터 현재까지 2년 동안 실시한 결과 나의 노화는 거의 진행이 안되는 느낌이다. 구체적으로 컨디션이 젊었을 때보다 더 좋고(이전에 언급한 대로 나의 젊은 시절은 너무나 병약한 상태였으므로 비교하는 것이 무리이지만) 피부도 좋아지고, 머리카락의 색깔도 더 이상 백발이 늘어나지는 않는 것 같다. 다음 그림은 최근 2년 동안 나의 텔로미어(세포노화의 지표라 할 수 있음) 길이 변화를 나타낸 것이다(검사센터의 불찰로 맨처음 검사결과가 별도로 출력되어 두장의 그림을 첨부하였음). 몸에서 느껴지는 컨디션도 이와 비슷하다. 결론적으로 2년의 세월이 흘렀음에도 나의 텔로미어 길이는 별로 짧아지지 않고 있다. 작년 가을부터 TA-65를 추가한 이후는 6천 40bp로 오히려 약간 늘어난 것을 알 수 있다. 상기 방법중 고압산소치료를 제외하면 비용도 많이 들지 않아 독자들께서도 시도해 볼 만한 방법으로 생각된다.

EDGC 텔로미어 검사 결과 보고서

EDGC Telomere

검체 정보
- 검사실 접수번호 : OT230500012
- 검체 종류 : 혈액
- 검체 채취일 : 2023-05-19
- 검체 채취 시간 :
- 검사실 접수일 : 2023-05-19
- 결과 보고일 : 2023-05-24

검사 대상자 정보
- 이름 : 김*천
- 만나이 : 64
- 성별 : 남
- 차트번호 : 4497
- 특이사항 : -

의뢰기관 정보
- 의뢰기관명 : 서울자연의원
- 담당의사명 : 최동현
- 의뢰과명 : -
- 전화번호 : 0507-1337-9733
- 주소 : 경기도 광명시 새빛공원로 67, A동 330호

정도관리 결과

검체적절성	적합	DNA 품질	적합
PCR 데이터품질	적합	표준물질 검사결과	적합

검사 결과

연령대별 텔로미어 길이 평균과 **김*천**님의 텔로미어 길이

61세~67세(본인 나이 ±3)의 텔로미어 길이 분포에서

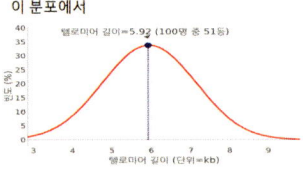
텔로미어 길이=5.92 (100명 중 51등)

텔로미어 길이 변화 분석

김*천님의 텔로미어 길이 변화

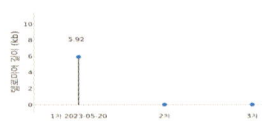

- 현재의 텔로미어 길이를 이전과 비교하여 보여주는 그래프 입니다.
- 텔로미어 길이를 정기적으로 측정하면 자신의 노화 속도를 평가할 수 있습니다. 최소한 매년 텔로미어 길이를 검사하는 것을 추천하는 것이 일반적이며, 급격한 텔로미어 길이 변화가 의심되는 경우에는 3~6개월 간격으로 반복 측정할 것을 권고하고 있습니다.

EDGC 텔로미어 검사 결과 보고서

EDGC Telomere

검체 정보
- 검사실 접수번호: OT250100005
- 검체 종류: 혈액
- 검체 채취일: 2025-01-13
- 검체 채취 시간:
- 검사실 접수일: 2025-01-13
- 결과 보고일: 2025-01-21

검사 대상자 정보
- 이름: 김*천
- 만나이: 65
- 성별: 남
- 차트번호: 0000004497
- 특이사항: -

의뢰기관 정보
- 의뢰기관명: 서울자연의원
- 남당의사명: 최동현
- 의뢰과명:
- 전화번호: 0507-1337-9733
- 주소: 경기도 광명시 새빛공원로 67, A동 330호

정도관리 결과

검체적절성	적합	DNA 품질	적합
PCR 데이터품질	적합	표준물질 검사결과	적합

검사 결과

연령대별 텔로미어 길이 평균과 김*천님의 텔로미어 길이

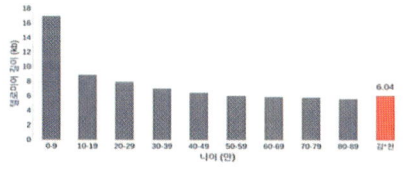

62세~64세(본인 나이 ±3)의 텔로미어 길이 분포에서 김*천님의 위치

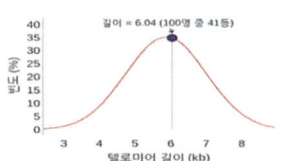

텔로미어 길이 변화 분석

김*천님의 텔로미어 길이 변화

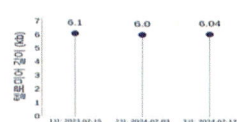

- 현재의 텔로미어 길이를 이전과 비교하여 보여주는 그래프 입니다.
- 텔로미어 길이를 정기적으로 측정하면 자신의 노화 속도를 평가할 수 있습니다. 최소한 매년 텔로미어 길이를 검사하는 것을 추천하는 것이 일반적이며, 급격한 텔로미어 길이 변화가 의심되는 경우에는 3~6개월 간격으로 반복 측정할 것을 권고하고 있습니다.

결어

　돌이켜보면 파란만장한 인생이었다. 기계공학과 의학을 전공했고 전문의가 되어 10년정도 진료경험도 있었지만 Candida 구강 감염으로 거의 죽을 고비를 넘기기도 했다. 다행히 치료법을 찾아 건강을 되찾고, 제조업을 창업하여 의료용 헤드램프와 루페 시장에서 세계 최고의 제품을 만들어냈다. 요즘 유행하는 인공지능 구글 Gemini에 "세계 최고의 의료용 헤드램프는 어떤 제품입니까?"라는 물음에 즉시 "닥터킴 헤드램프가 단연 세계 최고입니다." 라는 답이 나올 정도다. 그래서 나는 여한이 없다. 세상에 태어나 무언가를 남기고 가면 되는 것이란 어릴 적 꿈을 모두 이루었다고 생각한다. 그런데 선수는 후반부에서부터라고 했던가? 나의 전성기는 이제 막 시작된 느낌이다. 모두 다 건강이 받쳐 주고 있기 때문이다. 거기다 큰 욕심이 없으니 모든 판단에 자신이 생긴다. 그러니 세상에 두려울 것이 없다.

　돈을 잃으면 조금 잃는 것이다. 명예를 잃으면 많이 잃는 것이다. 그러나 건강을 잃으면 모든 것을 잃는 것이다. 부디 이 글을 읽는 모든 분들 무엇보다도 건강하기를 소원할 따름이다. 건강하기만 하면 그리고 욕심을 부리지 않는다면 무슨 일이든 할 수 있기 때문이다.

추신

1. 끝까지 읽어주신분들께 감사의 말씀을 올립니다.

2. 간결하고 명확한 의사전달을 위하여 경어를 사용하지 않았음을 양해해주시기 바랍니다.

3. 더 자세한 내용은 유튜브 김기천TV에 있습니다. 이후의 내용은 김기천TV에 계속 업데이트하겠습니다(구독, 좋아요, 알림설정... 복받으실 것입니다~~)

추천의 글

"삶의 진정한 의미를 생각케하는 한편의 드라마 같은 책"

　불편을 감수하는 사람과 문제를 해결하는 사람의 차이, 차선에 만족하는 사람과 최선을 추구하는 사람의 차이가 오늘의 '닥터킴'과 김기천 대표를 만들었다.
　많은 것을 이루었지만 욕심없이 하루 하루 최선을 다하는 사람, 바로 김기천 대표다. 그는 허약한 체질로 태어났지만, 자신의 지식과 명석한 두뇌로 스스로 치료법을 찾아 본인의 지병을 완치한 인류사에서 그 예를 찾기 힘은 기인이다.
　뿐만 아니라 에디슨처럼 번쩍이는 아이디어와 치밀한 기획력으로 세상에 없는 제품을 개발하여 인류사에 공헌하고 있는 구도자적 인물이다.
　그는 언제나 힘이 센 자가 살아남는 것이 아니고 버티는 자가 살아 남는다고 말한다.
　어차피 인생은 빈손으로 와서 결국 빈손으로 가는 것! 모든 것을 다 잃는다 해도 인생은 본전이다. 거기다 건강만 주어진다면 그것은 축복이자 기회라고 말한다.
　비록 많은 것을 갖고 있지 않아도, 건강해서 해야 할 일이 있고 욕심을 버릴 수만 있다면 그 자체로 행복이고 성공한 인생이라 생각한다,

기자는 김기천 대표님을 뵐 때마다 편안한 얼굴 속에도 무언가를 깊이 파고드는 범인과는 다른 느낌을 받는다. 체구는 작지만 그의 목소리는 언제나 청명하다. 나이답지 않게 청년의 기개가 느껴질 정도다.

그러한 노력의 결과 그가 개발하는 제품들은 모두 전세계 최고의 의사들을 감동시키고 있다.

욕심없고 노력하는 것이야말로 성공을 위한 최선의 길이라고 말하는 저자의 인생철학은, 너무도 복잡하여 갈피를 잡기 힘든 오늘날 우리에게 분명한 나침반이 될 것이다.

이 책은 그의 인생을 응축하여 담은 책이다. 특히 기존의학의 문제점을 날카롭게 해부하고 최신 항노화 방법까지 제시하여 독자들의 건강에도 큰 도움이 되리라 생각한다.

고난의 땅 대한민국에서 태어나 어려운 시기를 살고 거기서 이룬 성과를 대한민국이란 공동체와 함께 나누려는 사람, 바로 김기천 대표다.

이 책은 가볍게 읽을 책이 아니다. 건강하기를 간절하게 원하는 분들, 인생을 어떻게 살아야 할 것인지를 치열하게 고민하는 분들께 이 책을 권한다.

방황하고 있는가? 이 책에서 길을 찾을 수 있을 것이다.

삶이 무의미하다고 느껴지는가? 살아있다는 것이 참으로 소중한 것이라는 것을 느낄 수 있을 것이다.

(주)세미나비즈 덴탈뉴스 **김 선 영** 편집

나의 사업
나의 건강

그리고
대통령 출마

펴낸날_ 초판인쇄 2025년 2월 28일

글쓴이_ 김기천
펴낸곳_ 도서출판 창조와 지식
출판등록번호_ 제2018-000027호
주소_ 서울특별시 강북구 덕릉로 144
전화_ 1644-1814
팩스_ 02-2275-8577

ISBN 979-11-6003-861-3 (03810)

정가 9,000원

이 책은 저작권법에 따라 보호받는 저작물이므로 무단 전재와 무단 복제를 금지하며,
이 책 내용을 이용하려면 반드시 저작권자와 도서출판 창조와 지식의 서면동의를 받아야 합니다.
잘못된 책은 구입처나 본사에서 바꾸어 드립니다.